Titel von Almut Irmscher in der Reise-Lesebuch-Reihe:

Das **Island**-Lesebuch	(978-3-95503-127-5)
Das **Norwegen**-Lesebuch	(978-3-95503-130-5)
Das **Dänemark**-Lesebuch	(978-3-95503-133-6)
Das **Irland**-Lesebuch	(978-3-95503-136-7)
Das **Schottland**-Lesebuch	(978-3-95503-139-8)
Das **England**-Lesebuch	(978-3-95503-142-8)
Das **Portugal**-Lesebuch	(978-3-95503-146-6)
Das **Italien**-Lesebuch	(978-3-95503-149-7)
Das **Griechenland**-Lesebuch	(978-3-95503-152-7)
Das **Schweden**-Lesebuch	(978-3-95503-177-0)
Das **Kroatien**-Lesebuch	(978-3-95503-180-0)
Das **Toskana**-Lesebuch	(978-3-95503-183-1)
Das **Namibia**-Lesebuch	(978-3-95503-200-5)
Das **Nordsee**-Lesebuch	(978-3-95503-215-9)
Das **Ostsee**-Lesebuch	(978-3-95503-212-8)
Das **Spanien**-Lesebuch	(978-3-95503-209-8)
Das **Sardinien**-Lesebuch	(978-3-95503-231-9)
Das **Österreich**-Lesebuch	(978-3-95503-260-9)

Titel von Gunhild Hexamer in der Reise-Lesebuch-Reihe:

Das **Kanada**-Lesebuch – Der Osten	(978-3-95503-186-2)
Das **Kanada**-Lesebuch – Der Westen	(978-3-95503-189-3)
Das **Kalifornien**-Lesebuch	(978-3-95503-203-6)
Das **USA**-Lesebuch	(978-3-95503-218-0)
Das **Florida**-Lesebuch	(978-3-95503-254-8)

Titel von Almut Irmscher in der City-Lesebuch-Reihe:

Das **Wien**-Lesebuch	(978-3-95503-234-0)
Das **Rom**-Lesebuch	(978-3-95503-237-1)
Das **Hamburg**-Lesebuch	(978-3-95503-240-1)
Das **Venedig**-Lesebuch	(978-3-95503-243-2)
Das **Amsterdam**-Lesebuch	(978-3-95503-252-4)

Bibliografische Information der Deutschen Nationalbibliothek
Die Deutsche Nationalbibliothek verzeichnet diese Publikation in der Deutschen Nationalbibliografie. Detaillierte bibliografische Daten sind im Internet unter http://dnb.dnb.de abrufbar.

Das Werk ist in allen Teilen urheberrechtlich geschützt. Jede Verwertung außerhalb der engen Grenzen des Urheberrechtsgesetzes ist ohne Zustimmung des Verlages unzulässig. Das gilt insbesondere für Vervielfältigungen, Übersetzungen, Mikroverfilmungen und die Einspeicherung und Verarbeitung in elektronischen Systemen.
© 2023 MANA-Verlag, www.mana-verlag.de

Titelfoto: bluejayphoto/iStock (Berchtesgadener Land, Watzmann)
Bilder im Innenteil: Almut Irmscher,
Grafiken: Tabea Sudrow, Natie/iStock (S. 15, 22, 37)
Umschlag, Satz, Layout: MANA-Verlag
Druck: Dardedze, Riga, EU
ISBN: 978-3-95503-258-6

Almut Irmscher

Das Bayern-Lesebuch

Impressionen und Rezepte
aus dem Land südlich des Weißwurst-Äquators

Inhalt

Einführung 7

It's nice to be a Preiss –
but it's higher to be a Bayer 9
   Brezen1 4

Ein Volk aus dem Nichts – die Findelkinder
der Völkerwanderung 16
   Krustenbraten mit Zwiebelconfit 21

Mit Gamsbart zum Schuhplattler – die bayerischen Trachten 23
   Semmelknödel mit Schwammerln 28

O'zapft is – das Oktoberfest 30
   Schweinshaxe mit Bayrisch Kraut 36

Von der Sommerfrische zum Führersperrgebiet –
Obersalzberg 38
   Bayerische Creme 45

Goethe und die Raubritter – die Romantik der Luisenburg 46
   Bänkstiezel – ein Rezept aus dem Fichtelgebirge 51

Die Perle am Bodensee – Lindau 52
   Lindauer Butschellen 58

Faschingsnotstand mit Folgen – die Münchner Weißwurst 59
   Münchner Weißwurst mit süßem Senf 63

Wie Jim Knopf auf einer Insel mit zwei Bergen landete –
die Augsburger Puppenkiste 64
   Buabaspitzle – Schlupfnudeln aus Augsburg 70

On Tour mit Ziegenbock – der Bocksbeutel 71
   Fränkisches Hochzeitsessen 75

An Deutschlands Zenit – die Zugspitze 76
   Leberknödel 83
   Grießnockerl 84

Dichter, Räuber und ein Wasserschloss –
das Wirtshaus im Spessart 85
   Fränkischer Karpfen 89
   Bayerischer Kartoffelsalat 89

Watzmann, Watzmann, Schicksalsberg – sagenhafte Alpenwelt 91
    Berchtesgadener Bratäpfel 95

Erfahren, was dahintersteckt – das Deutsche Museum 96
    Obatzda 101

Selbstverwirklichung um jeden Preis – Ludwig II. und
Richard Wagner 102
    Fasan im Speckmantel 108

Wildes Grenzland – der Bayerische Wald 110
    Pichelsteiner Eintopf – ein Rezept aus dem Bayerischen Wald ... 116

Vom Kochtopf zum Luxusauto – die Bayerischen Motoren Werke 118
    Apfelkrapfen mit Vanillecreme 123

Von Streit, Macht und weiblicher List – die bayerischen Farben ... 125
    Blaue Zipfel 128
    Bayerischer Krautsalat 129

Rettung durch Weinkrug und Käseglocke –
Rothenburg ob der Tauber 130
    Rothenburger Schneeballen 134

Hopfen und Malz, Gott erhalt's – das flüssige Brot 136
    Arme Ritter mit Himbeeren und Dunkelbier 142

Bayerns Küche – vom Bauernschmaus zu Alfons Schuhbeck 143
    Bayerische Kartoffelknödel 147

Von Schein und Sein – Rudolph Moshammer 148
    Prinzregententorte 153

Als Kaspar Hauser das Christkind traf –
Geschichten aus Nürnberg 155
    Muskazine – ein Weihnachtsgebäck aus Nürnberg 161
    Nürnberger Lebkuchen 162

Eine Existenz aus Holz – Mittenwald 163
    Kalbsvögerl-Rouladen mit Blaukraut 167

Exkurs in den Fußball-Olymp – Besuch beim
1. FC Bayern München 169
    Bratwürste mit Sauerkraut 174

Vom Prinzesschen zur Naturforscherin – Therese von Bayern......175
   Dampfnudeln 179

Das Allgäu im Aufruhr –
der Bauernaufstand...180
   Allgäuer Kässpatzen 184

Salz – das Weiße Gold der Berge 186
   Kronfleisch.. 192

In Schönheit schwelgen –
Land der Seen 193
   Hollerkiachal – ausgebackene
   Holunderblüten 197

Das letzte Wort 198

Danksagung 199

Einführung

Schuhplattler und Dirndlkleid, ein Maßkrug voll Bier und das Oktoberfest – keine regionale Bevölkerungsgruppe Deutschlands kann auf so ein erfolgreiches Marketing verweisen wie die Bayern. Wer an Bayern denkt, hat sogleich eine Vielzahl von Bildern vor Augen, gerahmt von hohen Bergen im Sonnenschein. Vom Hofbräuhaus mit trinkfesten Mannsbildern und Bierkrüge stemmenden Kellnerinnen bis zur Alpenwiese mit den typischen beige-braunen Rindern, deren Kuhglocken das Landschaftsbild mit stetigem Läuten untermalen: Bayern erscheint wie ein farbenprächtiges, barockes Sittengemälde des idealisierten Landlebens. Es fasziniert Betrachter im In- und Ausland.

Zu den romantisch verklärten Klischeebildern gesellt sich bei manchen Nichtbayern auch ein kritisches Stirnrunzeln, wenn sie an die kernigen Stammtischparolen diverser bayerischer Politiker denken. So manches Nordlicht möchte sich da kopfschüttelnd abwenden. Doch dann wiederum zieht die liebenswerte Bodenständigkeit, die alles Bayerische so selbstverständlich verströmt, wohl jeden in den Bann. Die freundlichen Menschen mit ihrem für Nichtbayern so erheiternd klingenden Idiom, die deftige, schmackhafte Küche, deren Spezialitäten bis weit in den Norden Einzug in deutsche Kochtöpfe gehalten haben. Und natürlich die idyllische Landschaft, in die sich auch noch überirdisch schöne Märchenschlösser schmiegen.

Respektvoll müssen die übrigen Deutschen anerkennen, dass die Wirtschaft in Bayern so erfolgreich floriert wie nirgends sonst in unserem Land. Bayerische Technik setzt Maßstäbe, die Schulbildung ist vorbildlich, und Fußball spielen können die Bayern auch.

Kein Wunder, dass im Ausland Bayern oft mit Deutschland gleichgesetzt wird. Weiß-blaue Rautenmuster, Sauerkraut und Blasmusik, dralle Mädels im Dirndlkleid und kernige Burschen in kurzer Lederhose gelten dort vielfach als das typisch Deutsche schlechthin.

Dieses Buch erzählt von Bayern und seinen Besonderheiten, es wirft aus nicht-bayerischer Sicht einen Blick auf Land und Leute, sowohl auf allgemeine Themen als auch auf ein paar ganz spezifische Besonderheiten. All das verbindet sich zu einem bunten Bilderbogen bayerischer Impressionen. Ergänzende Eindrücke erhalten Sie im Fotoalbum auf www.almutirmscher.de. Und schließlich wird der kleine Ausflug ins Bayernland mit typischen Rezepten abgerundet – von Brezen bis Haxen, von Bayerischer Creme bis Obatzda.

Willkommen im Land südlich des Weißwurstäquators – *Servus in Bayern!*

It's nice to be a Preiss – but it's higher to be a Bayer

Vielleicht ist es vermessen, ein Buch über Bayern zu schreiben, wo ich selbst doch gar keine Bayerin bin. Und schlimmer noch, ich bin nicht nur keine Bayerin, ich bin sogar Preußin!

Was genau ein Preuße eigentlich ist, bleibt dabei zunächst etwas nebelhaft. In Bayern werden mit diesem – oft abwertend gemeinten – Begriff für gewöhnlich alle Deutschen bezeichnet, die aus dem Norden oder dem Osten der Republik kommen. Die also jenseits einer gedachten Linie geboren wurden, die landläufig als »Weißwurstäquator« beschrieben wird. Dieser wiederum stellt definitionsgemäß die Kulturgrenze dar, die Bayern von den Teilen Deutschlands trennt, in denen die Münchner Weißwurst keine Verbreitung mehr findet.

Strittig ist der genaue Verlauf der erwähnten Markierungslinie. Hardliner ziehen sie entlang der Donau, was aber bedeutet, dass auch einige Regionen ausgegrenzt werden, die politisch zu Bayern gehören. Das betrifft Franken, Niederbayern, die Oberpfalz und sogar Teile Oberbayerns. Die Bewohner dieser Regionen mögen jedoch durchaus mit wenig Begeisterung darauf reagieren, wenn sie als Preußen bezeichnet werden.

Der von noch strengeren Puristen angedachte Hundert-Kilometer-Radius rund um München ist aus dem gleichen Grund völlig indiskutabel.

Großzügigere Kulturgeografen denken sich den Weißwurstäquator deshalb auch eher auf Höhe der Mainlinie. Ob das bedeutet, dass Bewohner der südlichen Frankfurter Stadtgebiete wie Oberrad oder Sachsenhausen als Bayern zu bezeichnen sind, weiß ich nicht. Zumal die Ortsbezeichnung »Sachsenhausen« das Bayerische ja im Grunde schon kategorisch ausschließt, denn die Sachsen sind bekanntlich keine Bayern. Sachsen liegt nordöstlich von Bayern, und die einzige Gemeinsamkeit der beiden Bundesländer liegt darin, dass es sich um Freistaaten handelt. Ein gemeinsames Idiom gibt es nicht, Sachsen und Bayern begegnen sich allenfalls in der hochdeutschen Schriftsprache. Die reibungslose mündliche Verständigung eines sächsischen Mundartsprechers mit einem Dialekt sprechenden Bayern kann wohl so gut wie ausgeschlossen werden.

Andererseits entspricht der geografische Verlauf der Mainlinie der alten Hegemoniegrenze Preußens gegenüber Bayern. Was allerdings auch bedeuten würde, dass Baden-Württemberg zumindest südlich des Weißwurstäquators liegt. Deshalb ist es aber noch lange nicht bayerisch.

Doch sind heute all diese gedachten Linien allein deshalb Makulatur, weil die Weißwurst zusammen mit der Brezen bis hoch in Deutschlands Norden Verbreitung gefunden und sogar schon lange in die Sortimente der einschlägigen Discounter Einzug gehalten hat. Was also verstehen die Bayern unter einem Preußen, oder besser, um es mit ihrer Bezeichnung zu sagen, einem »Preißn«? Dazu müssen wir erst einmal einen genaueren Blick auf Bayern werfen.

Bayern besteht aus sieben Regierungsbezirken: Unterfranken, Oberfranken, Mittelfranken, Oberpfalz, Schwaben, Niederbayern und Oberbayern. Sie bilden eine politische Gemeinschaft. Das kulturelle Herz Bayerns ist aber das sogenannte Altbayern. Das wiederum ist das Gebiet, in dem der mittelalterliche Stamm der Bajuwaren lebte und umfasst die drei Landesteile Oberbayern, Niederbayern und Oberpfalz. Von den Bajuwaren stammt die Bairische Mundart, damit lässt sich also feststellen, dass sich da, wo so richtig bairisch gesprochen wird, das Kernland Bayerns befindet.

Bedeutet das gleichzeitig, dass ein Deutscher, der nicht als Muttersprache Bairisch spricht, als Preuße zu bezeichnen ist, auch wenn er auf bayerischem Territorium geboren wurde?

Tatsächlich wird der Begriff »Preiß« von den Urbayern in diesem Sinne angewendet. So werden Franken als »Lebkuachapreißn« und bayerische Schwaben als »Schwobn« bezeichnet. Münchner, die Hochdeutsch sprechen, heißen »Isarpreißn«.

Manche Bewohner Altbayerns gehen mitunter sogar so weit, gleich jeden Nicht-Urbayern als »Preißn« zu bezeichnen, sodass die abwertende Bezeichnung »Saupreiß« sogar auf Besucher und Einwanderer ganz anderer Herkunft Anwendung findet, seien diese Japaner, Russen oder gar dunkelhäutige Afrikaner. Womit die Urbayern, zumindest in ethnologischer Hinsicht, vielleicht ein bisschen über das Ziel hinausschießen.

Die Bayern lehnen die Preußen nicht ab, weil sie Preußen sind, sondern weil sie keine Bayern sind. Das habe ich zumindest einmal irgendwo gelesen. Muss das denn nicht in der logischen Fortführung des Gedankens heißen, dass der Bayer jeden ablehnt, der kein Bayer ist?

Teilt sich damit die Welt in Urbayern und Preußen? Bei der Bewohnerzahl der drei urbayerischen Bezirke von insgesamt annähernd 6,75 Millionen Menschen bedeutet das, dass diesen etwa sieben Milliarden und 960 Millionen Preußen gegenüberstehen, Tendenz steigend. Wobei von den 6,75 Millionen Bewohnern Urbayerns bestimmt nicht alle tatsächlich echte Ureinwohner sind.

Auf jeden Fall sind wir Preußen in der deutlichen Überzahl, auch wenn wir uns mit der Bezeichnung »Preiß« jetzt wieder auf die Nord- und Ostdeutschen beschränken wollen. Wie aber kommt es, dass die Bayern den Preußen so ablehnend gegenüberstehen?

Die Wurzeln des gespaltenen Verhältnisses der Bayern zu den Nord- und Ostdeutschen sind noch gar nicht alt. Denn eigentlich haben Norddeutsche, Ostdeutsche und Bayern in den vergangenen Jahrhunderten ganz gut miteinander koexistiert. Ihre Herrschaftshäuser besaßen durch Eheschließungen enge Verbindungen untereinander, militärisch unterstützten sie sich gegenseitig.

Erst in der zweiten Hälfte des 19. Jahrhunderts keimten ernsthafte Aversionen auf. Das militärisch überlegene Preußen besiegte Österreich im Deutschen Krieg von 1866. Damit stieg es zur Großmacht auf und dominierte fortan den Deutschen Bund. Bayern fühlte sich gegängelt. Dort wurden die Preußen als hochnäsig und besserwisserisch empfunden. Karikaturen aus dieser Zeit stellen dem von sich selbst überzeugten, arroganten Preußen gerne hinterwäldlerische bayerische Bauerntölpel gegenüber. In der historischen Satirezeitschrift »Simplicissimus« wird 1898 ein Gespräch zweier Berliner während eines Besuchs in München wiedergegeben: »Ich hatte nicht jedacht, dass man in den Straßen dieser Stadt doch so viele jebildet aussehende Leute treffen würde.« – »Janz einfach zu erklären: Drei Ferien-Sonderzüge aus Berlin heute anjekommen.«

Unter Kaiser Wilhelm II. spitzte sich die Situation weiter zu. Berlin wurde zum Maß aller Dinge und zur blühenden kulturellen und politischen Hauptstadt verklärt. Berlins höhergestellte Schichten hielten sich für die Elite der modernen Zeit und betrachteten das stark bäurisch geprägte Bayern mit mildem Spott. In Reaktion darauf wuchs der Ärger der Bayern auf die Preußen. Wir Preußen haben die Situation also selbst zu verantworten. Wobei ich anmerken möchte, dass nicht alle als »Preißn« bezeichneten Deutschen aus Berlin kommen und mir persönlich München zumindest geografisch näher liegt als Berlin.

Die Bayern kultivierten im Gegenzug zur preußischen Häme nun erst recht ihre landestypischen Besonderheiten und die alten Traditionen des mittelalterlichen Volksstamms der Bajuwaren. Doch was charakterisierte die Menschen dieser Ethnie eigentlich, und woher kamen sie ursprünglich?

Bevor wir uns damit näher befassen, noch eine kurze sprachliche Erläuterung. Vor lauter Bajuwaren, Bairisch und Bayern schwirren uns ja schon die Buchstaben vor den Augen. »Bairisch« bezeichnet allein den im Südosten des deutschen Sprachraums gesprochenen Dialekt. Zu diesem Sprachraum gehören übrigens weite Teile Österreichs, auch wenn die Österreicher bestimmt nicht gerne hören wollen, dass sie »Bairisch« sprechen.

Bis zum 20. Oktober 1825 hieß das Land offiziell »Baiern«. An diesem Tag unterschrieb König Ludwig I. ein Dekret, mit dem das römische »i« durch ein griechisches »y« ersetzt wurde, denn alles Altgriechische galt damals als hochmodern und besonders schick.

Bayerisch ist alles, was im politischen Sinne zu Bayern gehört. Vereinfacht wird das Wort auch schlicht »bayrisch« geschrieben.

Und zu den Bajuwaren werden wir gleich nach unserem ersten kleinen Rezept kommen.

Brezen

Zutaten für 18 Stück

500 g Mehl
300 ml Milch
25 g Hefe
2 El grobes Meersalz
50 g Schmalz
3 El Natron
1 Tl Salz
1 Tl Zucker
Mehl für die Arbeitsplatte
Fett für das Backblech

Zubereitung

Die Hefe in einer Tasse mit dem Zucker vermischen und so lange rühren, bis sie flüssig geworden ist. Das Mehl in eine Schüssel geben und mit Milch, Schmalz, 1 Tl Salz und der flüssigen Hefe zu einem geschmeidigen Teig verarbeiten. Danach mindestens 5 Minuten lang kräftig weiterkneten. Anschließend mit einem Tuch abdecken und an einem warmen Ort 30 Minuten lang gehen lassen. Das Volumen sollte sich dabei verdoppeln.

Nun die Arbeitsplatte mit Mehl bestäuben und den Teig darauf noch einmal fünf Minuten lang kräftig durchkneten. Im Anschluss daran eine Wurst daraus rollen und diese in 18 gleiche Teile aufteilen. Aus jedem dieser Teile eine etwa 30 cm lange Wurst formen, die in der Mitte dicker ist und an den Rändern spitz zuläuft. Aus diesen Würsten Brezen formen, auf ein gut eingefettetes Backblech legen und nochmals 20 Minuten lang unter einem Tuch abgedeckt gehen lassen. Dann für 1 Stunde ohne Tuch in den Kühlschrank stellen.

Nach Ablauf der Zeit 1 l Wasser in einem Topf mit dem Natron vermischen und aufkochen lassen. Die Brezen nun einzeln jeweils für ½ Minute in das siedende Wasser geben. Sie schwimmen dabei oben. Mit einem Schaumlöffel heraus nehmen, gut abtropfen lassen, zurück auf das Backblech legen und mit grobem Meersalz bestreuen.

Anschließend das Backblech in den kalten Backofen schieben und den Backofen auf 220°C aufheizen. Nach ca. 30 Minuten sollten die Brezen goldbraun sein, dann herausnehmen und abkühlen lassen.

Mit Butter genießen oder zur Weißwurst reichen.

Bei der Zubereitung darf übrigens kein Backpapier verwendet werden, denn durch die Mischung von Wasser und Natron entsteht eine Lauge, die das Backpapier zerstört.

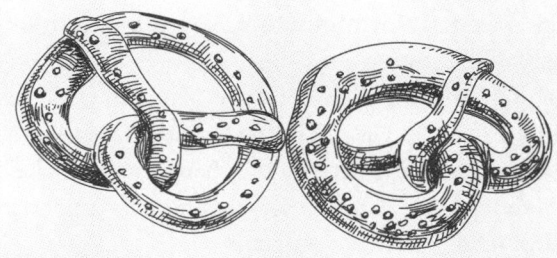

Ein Volk aus dem Nichts – die Findelkinder der Völkerwanderung

Der letzte römische Soldat schnürte eines Tages im Jahre 488 sein Bündel und verließ das nördliche Alpenvorland, um es sich selbst zu überlassen. Mit der fremdländischen Besatzungsmacht verschwand auch die römische Hochkultur. Keine Legionäre marschierten mehr über gepflasterte Straßen, keine Togaträger sinnierten über Schriftrollen in den Studierzimmern ihrer Landvillen, keine Sklaven bestellten sorgfältig angelegte Felder, keine römischen Damen steckten ihr Haar zu kunstvollen Frisuren auf.

Wie die Einheimischen auf diese neue Situation reagierten, ist im Nebel der Geschichte versunken. Denn tatsächlich hinterließen die Römer nach ihrem Abzug ein ziemlich entvölkertes, vereinsamtes Land. Es gab kaum noch jemanden, der etwas davon hätte überliefern können.

Aber es dauerte nur gut sechs Jahrzehnte, bis sich ein neuer Name in der Geschichtsschreibung der Voralpenregion niederschlug: die Bajuwaren. Wer sie waren und warum sie so plötzlich erschienen, gehört nach wie vor zu den großen ungelösten Mysterien der bayerischen Geschichte. Ein Wiener Historiker hat sie einmal die »Findelkinder der Völkerwanderung« genannt. Kamen sie etwa aus dem Nichts? Oder sind sie, was mancher Preuße vielleicht vermuten könnte, sogar die Nachfahren von Außerirdischen?

Lange Zeit galt die Überzeugung, dass diese geheimnisvollen Leute gegen Ende des Zeitalters der Völkerwanderung aus dem heutigen Böhmen im Voralpenland eintrafen und sich dort niederließen. Dazu gehörte die Annahme, der Name »Baier« bedeute so viel wie »Mann aus Böhmen«. Denn Böhmen hieß bei den Römern »Boiohaemum«, zumindest bis später »Bohemia« daraus wurde. Und »Boiohaemum« klingt ja schon ein bisschen nach »Baiern«, zumindest mit etwas Fantasie. Noch 1988 gab es eine Landesausstellung über die Bajuwaren, die diese These untermauerte. Doch dabei lag ein Irrtum zugrunde, wie die Forschung in jüngerer Zeit feststellte. In Wirklichkeit handelt es sich bei der Vorstellung um nichts anderes als eine mittelalterliche Mär, die als Meistererzählung in die Geschichtsschreibung Einzug hielt und über lange Zeit hinweg blindlings als Tatsache hingenommen wurde.

Doch woher stammten die Bajuwaren, wenn nicht aus Böhmen? Diese Frage zu beantworten, ist bis heute nicht gelungen. Und vielleicht lässt sie sich auch gar nicht beantworten, solange sich das Augenmerk auf die Suche nach einem bestimmten Herkunftsland richtet.

Denn es ist denkbar, dass die Bajuwaren nicht als geschlossene Siedlergruppe von irgendwoher nach Bayern gezogen sind. Vielmehr liegt der Verdacht nahe, dass sich der Stamm der Bajuwaren zu Beginn aus den Leuten formiert haben könnte, die nach Abzug der Römer noch vereinzelt im nördlichen Voralpenland lebten.

Als die Römer im Jahr 15 vor Christus diese Region eroberten, fanden sie ein weitgehend menschenleeres Land vor, in dem nur hier und da ein paar wenige Kelten lebten. Die gehörten dem Stamm der »Boier« an, der damals weite Teile Mitteleuropas besiedelte. Warum er diesen Namen trug, ist unbekannt. Doch gilt mittlerweile als gesichert, dass der Name

»Böhmen« auf ihn zurückzuführen ist, denn dessen lateinische Übersetzung »Boiohaemum« bedeutet im wörtlichen Sinne »Heimat der Boier«. Und auch der Name »Bajuwaren« lässt sich von den Boiern herleiten. Das germanische »Baiowarioz« bedeutet nämlich so etwas wie Boio-Mann. Die Kelten sind also Namensgeber der Bajuwaren, aber verkörpern sie auch den ethnischen Ursprung dieses Volksstamms?

In den 500 Jahren der römischen Besatzungszeit kam es in der Voralpenregion durch Immigranten aus den verschiedensten römischen Provinzen zu einem starken Bevölkerungswachstum. Als die Römer schließlich wieder abzogen, siedelten mit ihnen auch ihre Angestellten, Knechte, Mägde und Sklaven nach Italien um. Die Einwohnerzahl sank dramatisch.

Doch nicht alle verließen das Land. Neben einigen keltischen Familien, die bereits seit vorrömischer Zeit hier lebten, blieben auch ein paar römische Siedler zurück. Es gab vereinzelte Alemannen, Ostgoten, Langobarden, Slawen und Franken, die es hierher verschlagen hatte, sowie eine Handvoll germanischer Söldner, die nach Abzug der Römer zurückblieben. Hinzu kamen Elbgermanen, die sich an den Ufern der Donau niedergelassen hatten. Noch heute existierende Ortsbezeichnungen wie »Sachsenkam« oder »Schwabing« deuten darauf hin, dass sich auch Sachsen und Schwaben dazugesellten. Es existierte also ein buntes Gemisch von allerhand Menschen verschiedenster Herkunft. Sozusagen ein multikultureller Schmelztiegel der Spätantike.

Die Frage lautet daher nicht, woher die Bajuwaren kamen, sondern vielmehr, seit wann sich diese ganz unterschiedlichen Menschen als zusammengehörige Gruppe begriffen und zu einer eigenen Identität fanden.

Im Jahr 551 verfasste ein Gelehrter namens Jordanes ein Geschichtswerk, in dem er die östlich vom Schwabenland lebenden Menschen als »Baioras« beziehungsweise »Baibaros« bezeichnet. Dieser Begriff findet sich von da an in Abwandlungen immer wieder. Der erste Herzog von Baiern regierte bereits ab dem Jahr 555. Es kann also angenommen werden, dass sich die Bajuwaren schon in den wenigen Jahrzehnten nach Abzug der Römer als Volksgruppe zusammenfanden und in germanischer Tradition als Stammesherzogtum organisierten. Vermutlich geschah das während der Herrschaft des Ostgotenkönigs Theoderich zwischen 493 und 526. Es heißt, dass dieser in jenen Jahren Flüchtlinge aus ganz Germanien in Baiern ansiedelte und unter seinen Schutz stellte.

Vermutlich beruhte der Zusammenschluss der Bajuwaren auf einer militärischen Grundlage. Denn gemeinsam fiel es deutlich leichter, sich gegen die ständigen Übergriffe fremder Eindringlinge in der unruhigen Zeit nach dem Zusammenbruch des Römischen Reichs zu verteidigen.

Damals gab es noch keine größeren Städte. Die Bajuwaren wohnten in kleinen Dorfgemeinschaften und auf Einzelhöfen. Als Erwerbszweig diente ihnen die Landwirtschaft, sie lebten als Selbstversorger.

So unterschiedlich ihre Wurzeln auch gewesen sein mögen, seit jener Zeit bildeten die Bajuwaren eine eigenständige Ethnie. Sie verschmolzen durch Sitten und Traditionen miteinander, insbesondere aber auch durch ihren Dialektverband. Die bairische Mundart bildet heute das größte zusammenhängende Dialektgebiet Mitteleuropas.

Schon ab 615 kamen Mönche aus Irland und Schottland nach Bayern und bekehrten die Bajuwaren durch – wie noch heute ersichtlich – sehr erfolgreiche Missionierung zum Katholizismus. Vorher hatte eine bunte Vielfalt an Glaubensvorstellungen existiert, wie ja auch die Bewohner Bayerns von ganz unterschiedlicher Herkunft abstammten. Diese religiösen Traditionen verschwanden oder gingen in römisch-katholischen Riten auf.

Zwischen dem 6. und dem 8. Jahrhundert entstand mit der Lex Baiuwariorum eine Sammlung von Gesetzen, die das Miteinander der lokalen Bevölkerung regelte. Sie gilt als das älteste überlieferte gesellschaftliche Dokument der Bajuwaren und behielt ihre Gültigkeit bis ins Jahr 1180.

Es lässt sich also wohl feststellen, dass die Bayern seit 1.500 Jahren ein aus vielfältigen Wurzeln zusammengesetztes menschliches Konglomerat im Herzen von Europa bilden. Die reizvolle Vorstellung von einem geheimnisvollen Volk, dass sich einst aus einem unbekannten Land mit Lederhosen und Dirndln bekleidet auf den Weg machte, um das Bayernland zu erobern, können wir damit ad acta legen.

Krustenbraten mit Zwiebelconfit

Zutaten für 4 Personen

1 Schweinebraten mit Schwarte (ca. 1200 g, Schwarte vom Metzger rautenförmig einschneiden lassen)
300 ml Starkbier
500 ml Gemüsefond
6 Möhren
1 Porreestange
3 Zwiebeln
¼ Sellerie
3 Knoblauchzehen
2 Gemüsezwiebeln
50 g Butter
1 El Zucker
¼ l Weißwein
Speiseöl, gemahlener Kümmel, Soßenbinder, Salz, Pfeffer

Zubereitung

Zwiebeln, Möhren, Sellerie und Porree schälen bzw. putzen und in grobe Stücke schneiden. Die Knoblauchzehen häuten und fein hacken.

In einer kleinen Schüssel etwas Öl mit Knoblauch, Salz, Kümmel und Pfeffer vermischen und den Braten damit ringsum gut einpinseln.

In einem Bräter etwas Öl stark erhitzen und den Braten darin auf der Schwartenseite kräftig anbraten. Anschließend herausnehmen und den Bräter vom Herd stellen. Das Gemüse auf dem Boden des Bräters verteilen, die Gemüsebrühe dazugießen und den Braten mit der Schwarteseite nach oben darauflegen. Den Backofen auf 180°C erhitzen und den Bräter ohne Deckel hineinstellen. Die Backzeit beträgt insgesamt ca. 1 ½ Stunden. Während der ersten Stunde regelmäßig mit dem Bratensud übergießen, schließlich das Bier darübergießen und nicht mehr neu übergießen. Für die letzten 15 Minuten der Bratzeit auf Oberhitze und maximale Temperatur umstellen, damit die Kruste knusprig wird.

Für das Zwiebelconfit sobald der Braten in den Ofen geschoben wurde die Gemüsezwiebeln schälen und grob in Stücke schneiden. In einer Pfanne die Butter zerlassen und den Zucker darin karamellisieren. Danach die Zwiebeln hinzugeben und braten, bis ihr Gemüsesaft verdampft ist. Nun den Wein hinzugießen, mit einer Prise Salz und Pfeffer würzen und den Wein bei mittlerer Hitze komplett einreduzieren lassen.

Nach Ende der Bratzeit den Krustenbraten aus dem Ofen nehmen und kurz ruhen lassen. Den Bratensaft mit dem Gemüse durch ein Sieb in einen Topf gießen, dabei das Gemüse gut durch das Sieb ausdrücken. Die Sauce aufkochen und bei großer Hitze einige Minuten kräftig wallend kochen lassen. Mit Salz und Pfeffer abschmecken, eventuell mit etwas Soßenbinder abbinden. Den Braten in Scheiben aufschneiden und mit der Sauce und dem Zwiebelconfit servieren.

Dazu passen Salzkartoffeln oder Knödel (Rezept Seite 28) sowie grüne Bohnen, Sauerkraut oder Rotkohl (»Blaukraut«, Rezept Seite 167).

Mit Gamsbart zum Schuhplattler – die bayerischen Trachten

Es ist anzunehmen, dass sich die Bajuwaren des Mittelalters noch mit recht grobem Zwirn bekleideten. Denken wir aber heutzutage an Bayern, so kommen uns auch unwillkürlich Trachten in den Sinn. Den Bayern ist vermutlich mit nichts anderem eine so grundlegende Identitätsstiftung gelungen, wie mit ihren Lederhosen und Dirndln. Darin spiegelt sich das Bayernsein an sich, daran ist der Urbayer erkennbar, und zwar weltweit.

Die Bezeichnung »Tracht« findet ihren Ursprung im praktischen Gebrauch: Das Wort kommt von »tragen«. Die »Tracht« stellte daher zunächst bloß die gewöhnliche Kleidung dar. Da Bayern seit jeher ein überwiegend bäuerlich geprägtes Land war, musste die Kleidung praktisch sein und sich für die Landarbeit eignen.

Die jungen Mädchen arbeiteten auf den Bauernhöfen als Magd, auch »Dierne« genannt. Sie benötigten einfache und strapazierfähige Kleider. Diese bestanden aus Leinen, in der Regel einfarbig, das Oberteil saß eng und Halt gebend über dem Hemd. Eine Schürze schützte den Rock vor Verschmutzungen, sie wurde meist aus abgenutzter Bettwäsche zusammengenäht.

Die Knechte trugen Hosen aus robustem Lederzeug. Witterungsbeständig und robust hielt das Material sowohl Nässe als auch Schmutz vom Körper fern, dazu erwies es sich auch noch als nahezu unverwüstlich.

Am Ende des 18. Jahrhunderts fiel der Blick der höfischen und bürgerlichen Gesellschaft auf die einfachen Bauersleute. Das Zeitalter der Romantik begann, und damit eine melancholische Sehnsucht nach Natur, Landleben und alten Traditionen. Es brach die Zeit an, in der die Industrialisierung um sich griff, Verstädterung und Landflucht läuteten eine neue Epoche ein. Diese Ära zog aber auch eine Entfremdung von den ruralen Wurzeln der Menschheit nach sich, die in Kreisen, die es sich leisten konnten, zur Verklärung des einfachen Bauernlebens führte.

So kam es, dass sich Interesse an den Trachten der bayerischen Bauern regte. Dabei zeigte sich, dass sich im Lauf der Zeit einige regionale Moden herausgebildet hatten, die in der ersten Hälfte des 18. Jahrhunderts sorgfältig katalogisiert worden waren. Heute werden sechs Trachtentypen unterschieden, die Berchtesgadener, die Chiemgauer, die Inntaler, die Isarwinkler, die Miesbacher und die Werdenfelser Tracht. Doch eigentlich existiert »die Tracht« an sich gar nicht. Vielmehr gibt es unzählige Varianten, ganz nach Geschmack, Mode und verfügbarem Budget.

In den Dreißigerjahren des letzten Jahrhunderts entdeckten nämlich Städterinnen, die im Bayernland Urlaub machten, das Dirndlkleid. So etwas wollten sie auch besitzen, aber natürlich nicht in so einfacher und schlichter Form wie die Kleider der Bäuerinnen, die sie gesehen hatten. Denn ihr Stadtleben erforderte ja keine praktische Kleidung, vielmehr wollten sie durch modischen Schick auffallen. Deshalb wurden die Dirndl bunter, erhielten Applikationen und Stickereien, aufwendig auf wertvollen Stoffen angebracht. Und für die Schürzen dienten selbstverständlich keine alten Bettlaken mehr, sondern feinster Damast, mit filigranen Spitzen verziert. Diese Entwicklung griff nach dem Zweiten Weltkrieg vermehrt um sich, als in den Fünfzigerjahren rührselige Heimatfilme die Seelen der Menschen in den zerbombten Städten trösteten. Ließ sich doch mit der Trachtenkleidung die Illusion einer heilen Welt wenigstens ein bisschen in den grauen Alltag hinüberretten.

Mit dem männlichen Pendant zum Dirndlkleid verlief es ganz ähnlich. Schon der verträumte bayerische König Ludwig II. fand Gefallen an der Trachtenromantik, in der Folgezeit genoss die Lederhose als Jagdkleidung der Adeligen Popularität. Die Hosen der Knechte bestanden noch aus Ziegen- oder Schafsleder, in der Taille von groben Stricken zusammengehalten. Den einfachen Strick ersetzten nun lederne Hosenträger, verziert mit Edelweiß- oder Enzianmotiven. Die Hose selbst wurde aus Gams- oder Hirschleder gefertigt, denn im Gegensatz zu den Bauersleuten durften die Adeligen diese Tiere jagen. Das wertvolle Leder schmückten ansehnliche Laubapplikationen.

Bei den Knechten geriet die Lederhose in dieser Zeit allerdings aus der Mode. Stattdessen trugen sie jetzt lange Lodenhosen. Loden besteht aus gewalkter Wolle, das Material ist wind- und regendicht, außerdem hält es besser warm als Leder.

An dieser Stelle kam der Lehrer Josef Vogl ins Spiel. Er verehrte die Lederhose als uralte Volkstracht, deshalb erschütterte ihn deren Verschwinden bei der ländlichen Bevölkerung zutiefst. Um Abhilfe zu schaffen, rief er 1883 in Bayrischzell den ersten Trachtenverein Bayerns ins Leben, mit dem Ziel, die Lederhose zu erhalten. Das wurde ihm nicht gerade leicht gemacht, denn er erntete viel Spott. Die Kirche empörte sich sogar über seine Idee und verbot allen Lederhosenträgern die Teilnahme an Prozessionen. Das erzbischöfliche Ordinariat München erklärte die sich allmählich mehrenden Trachtenvereine noch 1913 für sittenwidrig.

Doch all das nutzte nichts. Denn schließlich fand schon längst auch der Adel Gefallen an der rustikalen Tracht. In dessen Kreisen wurden »Bauernhochzeiten« veranstaltet, bei denen die Anwesenden sich im gegenseitigen Wettstreit zu immer aufwendigeren Trachtenkostümen verstiegen. Künstler malten Bauersleute in überbordenden Fantasietrachten, und Ludwig Ganghofer fundamentierte mit seinen Heimatromanen die Bergromantik tief in den Gemütern seiner Zeitgenossen. Immer mehr Städter entdeckten die Lederhose als Mittel der Selbstdarstellung, immer mehr Trachtenvereine schossen aus dem Boden, sodass die Kirche schließlich nachgab. Die Bewegung fand infolgedessen noch größere Anhängerschaft und ist bis heute äußerst lebendig geblieben. In Trachtenvereinen sind heute etwa 180.000 Bayern organisiert.

Als nach dem Ersten Weltkrieg der Alpentourismus einsetzte, wurde die Lederhose endgültig zur Freizeithose des modernen Mannes. Das Krachledergefühl sprach auch die Nationalsozialisten an, schien sich doch darin urdeutsches Brauchtum widerzuspiegeln. Die Nazis setzten sich kurzerhand darüber hinweg, dass der Ursprung der Tracht in Bayern lag, und erklärten die Lederhose zur »geerbten Vätertracht«. Juden wurde konsequenterweise das Tragen von Lederhosen verboten.

Die Eltern der Nachkriegszeit entdeckten dann die Lederhose als unverwüstliches Kleidungsstück für ihren Nachwuchs. Gerade in Zeiten knapper Budgets und begrenzter Ressourcen wussten sie die quasi verschleißfreie Hose zu schätzen. Es gab wohl kein deutsches oder österreichisches Kind der Fünfziger- und frühen Sechzigerjahre, das ohne Lederhose groß geworden wäre. Erst die Jugendrevolte der Achtundsechziger sorgte dafür, dass die Lederhose allmählich von der Jeans abgelöst wurde, die ja ursprünglich auch eine Arbeitskleidung darstellte.

Doch in Bayern lebt die Lederhose weiter. Oft handelt es sich um kostbare Unikate, getragen mit »Wadelstrümpfen« und Hüten, die ein Gamsbart ziert. Diesen Gamsbart machte Erzherzog Johann von Österreich populär, der sich die Grannenhaare vom Rücken seiner erbeuteten Gämsen als Trophäe an den Hut steckte. Damit fand er schnell Nachahmer, die ebenfalls triumphierend zeigen wollten, was sie geschossen hatten. Der Gamsbart gilt deshalb noch heute als Statussymbol des trachtenverbundenen Bayern. Er besteht aus Gams-, Hirsch- oder Dachshaaren, die sorgfältig bearbeitet und kunstvoll gebunden werden. Dazu ist ein handwerkliches Können erforderlich, das nur wenige wirklich beherrschen. Entsprechend teuer wird das Produkt stundenlanger Arbeit gehandelt. Je nach Größe und Haarlänge mag ein solches Exemplar an die 2.500 Euro kosten. Die kostbarsten Stücke bringen es sogar auf 5.000 Euro.

Eine weitere regionalspezifische Manifestation männlichen Imponiergehabes ist der Schuhplattler, der traditionelle Balztanz des bayerischen Burschen. Dabei hüpfte er ursprünglich um die Auserkorene herum und tat alles, um ihre Aufmerksamkeit zu erregen. Er sprang in die Höhe, schlug sich auf Schenkel, Knie und Fußsohlen, stampfte auf und klatschte in die Hände, bis sie endlich nachgab und ihm einen Tanz schenkte. Daraus hat sich allmählich ein geordneter Paartanz entwickelt, der sich großer Beliebtheit erfreut und der selbstverständlich in entsprechender Tracht ausgeführt wird.

In Tracht geht es auch zum Münchner Oktoberfest, und zwar nicht nur als Bayer, sondern auch als Preuße gleich welcher nationalen Herkunft. Das ist mittlerweile erschwinglich, auch wenn den Puristen in Bayerns Trachtenvereinen dabei das Herz blutet. Dirndl und Lederhosen finden sich nämlich heutzutage bundesweit auf den Wühltischen der Discounter.

Also auf zum Oktoberfest!

Semmelknödel mit Schwammerln

Zutaten für 4 Personen

8 altbackene Brötchen
1 kg Pilze (z.B. Maronen, Steinpilze, Pfifferlinge, Champignons)
2 Schalotten
1 Zwiebel
200 ml saure Sahne
200 ml Milch
2 Eier
100 g Butter
60 g Mehl
2 Handvoll krause Petersilie
Muskat, Salz, Pfeffer

Zubereitung

Die Brötchen in dünne Scheiben schneiden und in einer Schüssel mit der zuvor leicht erwärmten Milch übergießen. 30 Minuten einweichen lassen.

Die Schalotten schälen und sehr fein hacken, Petersilienblättchen abzupfen und ebenfalls fein hacken. 30 g Butter in einer Pfanne erhitzen. Schalotten und die Hälfte der Petersilie darin anbraten, dann abkühlen lassen.

Nun die Brötchenscheiben leicht an den Schüsselrand drücken und die überschüssige Milch abgießen. Eier und Petersilienschalotten hinzugeben, mit Salz, Pfeffer sowie Muskat würzen und alles gut verkneten. Danach Klöße aus der Masse formen.

In einem Topf 3 l Salzwasser zum Kochen bringen und die Klöße hineingleiten lassen. Die Hitze reduzieren, sodass das Wasser nur noch köchelt. Die Klöße sind fertig, sobald sie nach oben steigen.

Für die Schwammerlsauce die Pilze ganz kurz unter fließendem Wasser abspülen, putzen und in feine Scheiben schneiden. Die Zwiebel schälen und klein würfeln.

Die restliche Butter in einem Topf zerlassen und die Zwiebeln darin glasig andünsten. Die Pilze zugeben, gut umrühren und anschließend den Topf mit dem Deckel verschließen. Bei milder Hitze 10 Minuten köcheln lassen.

Das Mehl mit etwas Wasser klümpchenfrei anrühren und langsam unter Rühren zu den Pilzen gießen. Kurz aufkochen, sodass die Pilzbrühe zur sämigen Sauce wird, dann die Hitze reduzieren und die Pilze weitere 5 Minuten ziehen lassen. Anschließend mit Salz und Pfeffer abschmecken und die saure Sahne hinzugeben. Zum Schluss die restliche Petersilie unterrühren und sofort vom Herd nehmen.

Zusammen mit den Semmelknödeln in einem Suppenteller servieren. Die Pilzsauce wird mit dem Löffel verspeist.

Übriggebliebene Semmelknödel können am nächsten Tag in Scheiben geschnitten und in Butter gebraten werden. Auch die Pilzsauce darf – entgegen einer alten Hausregel – durchaus aufgewärmt werden. Voraussetzung ist aber, dass sie nach der Zubereitung möglichst schnell gekühlt und nach spätestens 24 Stunden weiterverwertet wird. Dabei muss sie auf mindestens 70°C erhitzt werden. Die erwähnte Hausregel stammt aus einer Zeit, in der es noch keine Kühlschränke gab. Die Eiweiße der Pilze bilden nämlich ungekühlt zusammen mit Bakterien giftige Abbauprodukte.

Die Semmelknödel können auch zum Krustenbraten, zu Kassler mit Sauerkraut oder zur Schweinshaxe serviert werden. Die Pilzsauce eignet sich gut als Beigabe zu kurzgebratenem Fleisch.

O'zapft is – das Oktoberfest

Haben Sie schon einmal mit dem Gedanken gespielt, Bürgermeisterin oder Bürgermeister von München zu werden? Dann sollten Sie rechtzeitig mit dem Üben anfangen. Denn neben klugem politischen Taktieren, Durchsetzungsvermögen und diplomatischem Geschick ist vor allem eines gefragt: die Fähigkeit zum punktgenauen Fassanstich. Achten Sie bei diesem Wort übrigens unbedingt auf die korrekte Schreibweise mit Doppel-»s«, anderenfalls könnte es leicht zu einem Missverständnis kommen. Ein Münchner Oberbürgermeister muss nicht unbedingt Fasanjäger sein, aber mit möglichst wenigen Schlägen ein Fass anstechen können. Denn sonst wird es schnell peinlich.

Alljährlich um Punkt 12 Uhr am ersten Samstag des Oktoberfests eröffnet traditionell der Oberbürgermeister den Ausschank auf der »Wiesn«. Im gigantischen Schottenhamel-Festzelt schwingt er den Hammer, um das erste Fass anzustechen, argwöhnisch beobachtet von 6.000 anwesenden Gästen sowie Presse, Funk und Fernsehen. Es ist das erste Schlagzeilenthema der Wiesn: Wie viele Schläge benötigt der OB zum Fassanstich? Die Sitte besteht seit 1950, und den Rekord halten Christian Ude (Bürgermeister von 1993 bis 2014) und sein Nachfolger Dieter Reiter mit nur sagenhaften zwei Schlägen. Udes Meisterleistung kam aber nicht von ungefähr. Denn beim ersten Mal benötigte er ganze sieben Schläge, was ihm erheblichen Spott eintrug. Er hatte die Wichtigkeit des Unterfangens wohl unterschätzt, ein Fehler, der ihm nicht noch einmal unterlief. Denn er übte danach fleißig und brachte es so zum Rekordler.

Es ist nicht irgendein Bier, dessen Fass da angestochen wird. Vielmehr handelt es sich um ein Festbier, das im März ausschließlich für das Oktoberfest gebraut wird. Nur sechs Brauereien genießen das Privileg, dieses Bier ansetzen zu dürfen: Hofbräu, Paulaner, Augustiner, Löwenbräu, Spaten-Franziskanerbräu und Hacker-Pschorr. Das Festbier ist hell, untergärig und hat eine etwas höhere Stammwürze als gewöhnliches Bier. Vor allem aber zeichnet es sich durch seinen leicht erhöhten Alkoholgehalt von etwa sechs Prozent aus. Denn schließlich wollen die Wiesn-Besucher ja für ihr Geld auch etwas bekommen.

Und da sind wir auch schon beim zweiten, noch bedeutend größeren Schlagzeilenfüller des Oktoberfestes: dem Bierpreis! Kostete die Maß Bier – also der Literkrug – im Jahr 1971 noch bescheidene zwei Mark fünfzig, so mussten 1990 schon bis zu 7,55 DM berappt werden. Zehn Jahre später waren es dann schon 12,60 DM und ein Jahr darauf 6,80 Euro. Weitere zehn Jahre später, im Jahr 2011, kostete die Maß 9,20 €, und 2014 wurde erstmals die Zehn-Euro-Marke mit 10,10 € geknackt. Seither geht es weiter aufwärts.

Mit schöner Regelmäßigkeit fiebern die Festbesucher Jahr für Jahr dem neuen Preis entgegen – stets Anlass zu gebührender Aufregung, und doch wird das Bier auch mit neuem Preis nicht minder kräftig fließen. Und was sind die Preiserhöhungen schon gegen die Preisexplosion zwischen 1920 und 1922, als die Hyperinflation die Kosten für eine Maß von 2,50 Reichsmark auf ganze 50 Reichsmark anschwellen ließ?

Im Jahr 1871 hatte die Maß noch ganze 12 Kreuzer gekostet. Da blickte das Oktoberfest bereits auf eine gut sechzigjährige

Tradition zurück, denn die erste große Feier fand im Jahr 1810 statt, an fünf Tagen ab dem 12. Oktober. Anlass bot damals die Hochzeit von König Ludwig I. mit Prinzessin Therese von Sachsen-Hildburghausen. Das Königreich Bayern existierte erst seit vier Jahren, die Hochzeit wurde daher als große Selbstinszenierung der jungen Monarchie begangen. Die ganze Stadt erhielt Illuminationen, Oper, Konzert, Schauspiel und Ball gab es zu freiem Eintritt. Außerhalb der Stadtgrenze, vor dem Sendlinger Tor, fand ein großes Pferderennen der Gardekavallerie statt. Die junge Kronprinzessin ließ sich dafür eigens ein Gewand in den bayerischen Nationalfarben fertigen und nahm – obwohl von heftigen Zahnschmerzen geplagt – zusammen mit ihrem Bräutigam die Parade der Bauernpaare aus den damaligen Regierungsbezirken Bayerns ab. Ihr zu Ehren heißt das Areal seither »Theresienwiese«.

Es gab ein prachtvolles Fest, finanziert vom Land Sachsen-Hildburghausen. Und zwar keineswegs mit leichter Hand, noch ein Jahr später waren die Kosten nicht vollständig abbezahlt. Der Brautvater stöhnte, es sei ihm unmöglich, die pompöse Hochzeit aus dem laufenden Etat zu bestreiten.

Das bildete die Kehrseite des schönen Scheins, außerdem handelte es sich wohl keineswegs um eine Liebesheirat. Gleich nach dem Ball, der sich an das Pferderennen anschloss, verabschiedete sich Therese und zog sich zurück, um im stillen Kämmerlein an ihrem Zahnweh zu leiden. Ludwig beging die weiteren Festivitäten ohne sie. »Leidenschaftslos verehelichte ich mich, es mag vorteilhafter sein für die Zukunft«, schrieb er frustriert an seine Schwester.

Doch immerhin nach außen sollte der Glanz weiterstrahlen. Deshalb wurde schon im nächsten Jahr das Fest auf der Theresienwiese wiederholt, und weil die Münchner Bürgerschaft sich davon so angetan zeigte, blieb es beim alljährlichen

Oktoberfest. Ende des 19. Jahrhunderts wurde es – seinem Namen zum Trotz – auf die zweite Septemberhälfte vorverlegt, weil den Verantwortlichen aufging, dass während des Altweibersommers dann meist mit besserem Wetter zu rechnen ist.

Es kann also mittlerweile auf eine mehr als zweihundertjährige Tradition zurückblicken und feierte im Jahr 2010 ein großes Jubiläum. Aufgrund kriegsbedingter Ausfälle wurde da allerdings erst das 177. Oktoberfest begangen, der jährliche Turnus erlebte danach bekanntlich weitere Unterbrechungen bedingt durch die Corona-Pandemie.

Doch kehren wir zurück ins Festzelt von Schottenhamel, in dem der Oberbürgermeister gerade damit beschäftigt ist, das erste Fass anzustechen. Schottenhamel hat schon seit 1867 seinen Platz auf der Wiesn, damals noch mit einer primitiven Bretterbude. Seit 1953 ist daraus ein 4.900 Quadratmeter großes Zelt mit einem zusätzlichen Wirtsgarten geworden, sodass die Schottenhamels nun sage und schreibe 10.000 Gäste gleichzeitig bewirten können. Doch sie sind natürlich nicht die einzigen, neben 14 Großzelten gibt es 20 mittelgroße Betriebe. Größer noch als Schottenhamels Zelt ist das von Hofbräu, hier sitzen 6.698 Festbesucher, und draußen finden noch einmal 4.540 Trinkfreunde Platz. Um die 6.000 davon sitzen auch jeweils beim Augustiner-Bräu, im Armbrustschützenzelt, im Hacker-Festzelt und in der Ochsenbraterei, während sich in Käfers Wiesn-Schänke Prominenz und Wiesen-Elite mit bescheidenen 1.000 Plätzen begnügen. Denn dort wird es bevorzugt, unter sich zu bleiben.

Insgesamt stehen sagenhafte 100.000 Sitzplätze bereit, verteilt auf an die 100 Gastronomiebetriebe. Und sie alle warten gespannt auf den festlichen Akt des Oberbürgermeisters. Hat der sein Fass endlich angestochen, so ruft er »O'zapft is!«, und das ist das erlösende Zeichen für alle anderen. Laute Böllerschüsse unterstützen die Verkündigung des Oberbürgermeisters, damit es auch im letzten Zelt zu hören ist: Endlich darf der Ausschank beginnen! Jetzt heißt es für die 12.000 Personen, die auf der Wiesn arbeiten, in die Hände zu spucken. Denn jeder will schnellstmöglich seine Maß Bier haben. Kein Problem für die Profis unter den Ausschenkern. Die schaffen es nämlich in nur 1 ½ Sekunden, einen Maßkrug zu befüllen.

Etwa sechs Millionen Besucher zieht es jedes Jahr auf die Wiesn. Statistisch gesehen gibt jeder von ihnen etwa 55 Euro aus, das Geld fließt in sechseinhalb Millionen Maßkrüge Bier, aber auch in 115 Ochsen, 60 Kälber, eine halbe Million Hendl, 25 Tonnen Fisch und ungezählte Schweinshaxen, Bratwürste, Weißwürste und Portionen Pommes Frites. Für die Kehrseite der Medaille sorgen an die 900 laufende Meter Stehplätze an Pissoirs und knappe 1.000 WC-Sitzplätze.

Aber natürlich gibt sich der Wiesn-Besucher nicht nur Suff und Völlerei hin. Mehr als 250 Schausteller präsentieren ihre Betriebe, darunter die allerneusten Fahrgeschäfte, aber auch alteingesessene Traditionsbetriebe wie das 48 Meter hohe Riesenrad, die Hexenschaukel oder der Schichtl, ein Kuriositäten-Theater, das schon seit 1869 fester Bestandteil der Wiesn ist. Den Höhepunkt stellt hier die Enthauptung einer lebenden Person mit der Guillotine dar, doch keine Sorge, natürlich gibt es keine Toten. Von tatsächlichen Hinrichtungen auf der Wiesn ist nichts bekannt. Leider gibt es aber neben den unvermeidlichen Bierleichen auch immer wieder Unfalltote, ganz zu schweigen vom schrecklichen Attentat im Jahr 1980, als ein Neonazi eine selbstgebaute Rohrbombe zündete und damit 13 Festbesucher in den Tod riss und weitere 211 verletzte, 68 davon schwer.

Wer neben dem Wiesen-Rummel etwas beschaulichere Vergnügungen sucht, findet diese seit 2010 auf der »Oide

Wiesn«, dem historischen Teil des Oktoberfestes. Hier herrscht zwischen Holzpfosten-Autoscooter und Raupenbahn von 1926 Nostalgie pur, dazu gibt es Blasmusik, Tanz und reichlich traditionelles Brauchtum, natürlich alles im bayerischen Trachtenlook.

Die Wiesn beginnt alljährlich am ersten Samstag nach dem 15. September und dauert bis zum ersten Sonntag im Oktober, es sei denn, der ist ein 1. oder 2. Oktober. Dann wird bis zum Einheitstag am 3. Oktober weitergefeiert. Traditionell geht es mit dem Einzug der Wiesnwirte los, einem Festzug aus Brauereiwagen, Kutschen, Trachtenvereinen und Musikanten, der von der Alten Messe zur Theresienwiese zieht. Denn ursprünglich lag die Wiesn ja vor den Toren der Stadt, die Festwirte marschierten zur Eröffnung gemeinsam dorthin. Am ersten Sonntag gibt es einen weiteren Umzug von Trachtengruppen, Schützenvereinen und Spielmannszügen, damit die Freunde bayerischer Folklore voll und ganz auf ihre Kosten kommen.

Und das können sie während der 16 bis 18 Tage, die das Oktoberfest dauert, hinlänglich auskosten. Wer sich nicht als Preuße outen will, kommt natürlich in bayerischer Tracht. Praktischerweise ist die mittlerweile bundesweit in Läden und übers Internet erhältlich, so wie auch das Oktoberfest selbst Nachahmer im Norden findet. Bevor ein Möchtegern-Bayer aber vor einer Auserkorenen einen schuhplattlernden Balztanz hinlegt, sollte er auf deren Schürze achten: Ist der Knoten rechts gebunden, so ist die Dame bereits vergeben und die Sache der Mühe nicht wert. Trägt sie ihn hingegen links, so kann er es versuchen. Denn das bedeutet, dass sie noch zu haben ist.

Schweinshaxe mit Bayrisch Kraut

Zutaten für 4 Personen

2 Schweinshaxen à ca. 750 g (süddeutsch, sonst: Schweinehachse. Die Haut vom Metzger rautenförmig einschneiden lassen)
1 Kopf Weißkohl
3 Zwiebeln
250 ml Bier
200 ml Fleischbrühe
100 ml lieblicher Weißwein
50 g Schmalz
1 El Zucker
Kümmel, Pfeffer, Salz

Zubereitung

Die Haxen waschen, trocken tupfen, salzen und pfeffern. In eine ofenfeste Form 250 ml Wasser geben und die Haxen hineinlegen. Den Backofen auf 200°C erhitzen und die Form mit den Haxen hineinstellen. Die Backzeit beträgt 2 ½ Stunden. Währenddessen die Haxen immer wieder mit der Bratflüssigkeit übergießen.

Zwei Zwiebeln schälen, vierteln und nach Ablauf einer Stunde mit in die Form geben. Nach einer weiteren Stunde das Bier über die Haxen gießen, dann die Temperatur auf 250°C erhöhen und bis zum Ende der Backzeit die Haxen regelmäßig weiter mit der Flüssigkeit übergießen.

Den Weißkohl vierteln und in dünne Scheiben hobeln. Die übrige Zwiebel schälen und fein hacken. In einem Topf das Schmalz zerlassen und Zucker und Zwiebel darin bräunen. Dann den Kohl zugeben und andünsten. Mit Brühe und Wein ablöschen und mit Kümmel, Salz und Pfeffer würzen. Bei schwacher Hitze 45 Minuten lang weich dünsten.

Am Ende die Haxen herausnehmen und kurz ruhen lassen. Währenddessen die Bratflüssigkeit durch ein Sieb in einen Topf gießen, dabei die Zwiebeln gut ausdrücken. Aufkochen lassen und dann zu den Haxen reichen, ohne die Sauce zu binden. Mit dem Bayrisch Kraut servieren.

Dazu passen Semmelknödel (Rezept Seite 28), Kartoffelpüree oder -klöße.

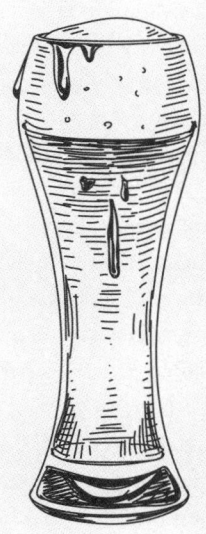

Von der Sommerfrische zum Führersperrgebiet – Obersalzberg

Vor langer Zeit gab es einmal ein kleines Dorf in den Bergen. In nichts unterschied es sich von den anderen Bergdörfern, niemand beachtete das verschlafene Nest. Warum auch, bestand doch das Leben hier aus nichts als harter Arbeit. Die einheimischen Bergbauern und Arbeiter plagten sich tagein, tagaus, und doch verdienten sie nur gerade so viel, dass es knapp zum Überleben reichte.

Doch eine Frau erwies sich als vorausschauender als die anderen Bewohner dieses Weilers. Sie, Mauritia Mayer, genannt Moritz, hatte eine Vision. Denn hier, um dieses kleine Dorf herum, eröffnete sich eine herrliche Landschaft, gerahmt von markanten Bergkämmen. Mauritia war zu Ohren gekommen, dass neue Erfindungen gemacht wurden, die den Menschen das Reisen erleichterten. Und auch, dass die Leute in den großen Städten sich nach der Natur sehnten. Die aber konnte das kleine Dorf ihnen im Überfluss bieten.

Deshalb gründete Mauritia im Jahr 1877 die Pension Moritz in jenem kleinen Bergdorf. Das wiederum trug den Namen Obersalzberg und lag im Berchtesgadener Land, umgeben von atemberaubenden Gipfeln wie denen des Watzmanns oder des Steinernen Meers und so malerischen Enklaven wie dem Königsee. Eine einmalig schöne Gegend, deren Reize sich schnell herumsprachen.

Mauritias kleine Pension entwickelte sich alsbald vom Geheimtipp zum Touristenmagneten. Um die Jahrhundertwende änderte sich der Name zu Gebirgskurhaus Obersalzberg. Weitere Unterkünfte entstanden, und schon zu Beginn der Zwanzigerjahre konnte Obersalzberg auf eine bemerkenswerte touristische Infrastruktur verweisen. Ein Kindersanatorium eröffnete, der Weiler wurde Höhenkurort. Prominente wie der Kühltechnikpionier Carl von Linde, der Aspirin-Erfinder Arthur Eichengrün, die Pianistin Clara Schumann oder die Schriftsteller Ludwig Ganghofer und Peter Rosegger reisten zur Sommerfrische nach Obersalzberg.

Eines Tages traf auch Dietrich Eckard ein. Er betätigte sich als Herausgeber eines demagogischen Blatts, des »Völkischen Beobachters«. Außerdem war er bekennender Rassist und hatte es mit seinem öffentlich propagierten Judenhass so weit getrieben, dass er von der Polizei gesucht wurde. Da tauchte er kurzerhand im Gebirgskurhaus Obersalzberg unter, in der Absicht, seine üblen politischen Ziele von hier aus insgeheim weiterzuverfolgen.

Im Zuge dessen bekam er eines Tages im Mai 1923 Besuch von einem Gesinnungsgenossen, der unter dem Tarnnamen Wolf anreiste. Denn auch dieser besaß gute Gründe, Vorsicht walten zu lassen. Zumindest noch in jener Zeit, in der niemand ahnte, wie erfolgreich er seine mörderischen Gedanken später realisieren würde. Denn bei Wolf handelte es sich um keinen anderen als Adolf Hitler.

Hitler begeisterte sich sofort für das Bergpanorama und den Zauber der alpinen Natur. Schließlich fühlte er sich ja den Bergen von Kindheit an heimatverbunden. Deshalb kehrte er nach seiner Entlassung aus der Haft, die er nach seinem Putschversuch später im gleichen Jahr antreten musste, immer wieder nach Obersalzberg zurück. Er mietete eine Holzhütte, das »Kampfhäusl«, und brachte hier seine krude Gedankenwelt in Form des zweiten Bandes von »Mein Kampf« zu Papier. Schon 1928 konnte er es sich leisten, in ein Bergbauernhaus umzuziehen, und fünf Jahre später verlief seine Karriere bereits so erfolgreich, dass er dieses Haus kurzerhand kaufte und ihm den Namen Berghof gab.

Im gleichen Jahr wurde er Reichskanzler. Das machte seine Wahlheimat Obersalzberg mit einem Mal in ganz Deutschland berühmt. Die begeisterten Anhänger des Nationalsozialismus wollten unbedingt sehen, wo ihr Führer wohnte. Obersalzberg avancierte zum Wallfahrtsort für Hitler-Fans. Die beschauliche Sommerfrische mutierte zum Schauplatz eines hysterischen Massenwahns, der bizarre Auswüchse trieb. Sonderzüge verfrachteten die verblendeten Verehrer nach Berchtesgaden, stundenlang harrten die Menschen aus, nur um einen einzigen Blick auf ihren vergötterten Hitler werfen zu können. Reichte dieser ihnen gar persönlich die Hand, so wuschen sie sich danach nicht mehr. Sie sammelten Kieselsteine ein, auf denen er gestanden hatte. Ein geradezu unheimlicher Götzenkult.

Der Propagandaapparat der Partei witterte darin eine famose Marketingidee und schlachtete den Personenkult vor der Kulisse der malerischen Bergwelt geschickt aus. Der Führer zeigte sich ganz bodenständig und naturverbunden, als Menschenfreund zum Anfassen, als Privatmann, der sich wenige Tage Auszeit von seiner harten Arbeit gönnte und dabei natürlich heimatverbunden blieb. Eine heile Welt des kleinen Mannes inmitten der alpinen Idylle, diese Bilder passten großartig zu dem völkisch-rassistischen Korsett, in das die Nazis ihre Mitbürger zwängten.

So dauerte es nicht lange, bis auch andere Nazi-Größen in Obersalzberg eintrafen. Der Reichsminister und Hitler-Vertraute Bormann, Luftwaffenchef Göring und Rüstungsorganisator Speer bezogen Häuser, die sich um Hitlers Berghof gruppierten. Die Partei erwarb weitere Gebäude, die als Gästehäuser dienten, errichtete eine Kaserne sowie unterirdische Bunkeranlagen.

Die alten Bergbauernhäuser wurden größtenteils dem Erdboden gleichgemacht. Aus dem kleinen Dorf mit Laden, Post und Gasthaus schufen sie eine Ansammlung nationalsozialistischer Zweckbauten. Nur Hitlers Berghof, das Hotel Zum Türken und das Gebirgskurhaus Obersalzberg blieben stehen, letzteres wurde in Platterhof umbenannt. Die Dorfbewohner, deren Familien seit Jahrhunderten hier lebten, mussten gehen, egal, wie schwer ihnen der Abschied von der Heimat fiel. Zunächst wurden den Bauern noch anständige Entschädigungen gezahlt, doch mit zunehmender Machtfülle begannen die Nazis, sie rücksichtslos unter Druck zu setzen. Oberaufsicht über die Metamorphose der Ortschaft zur Nazi-Retortensiedlung führte Hitlers rechte Hand Martin Bormann, der die verbliebenen Einheimischen systematisch drangsalierte und schließlich zum Aufgeben zwang. Wer nicht zum Spottpreis verkaufte, wurde ins KZ nach Dachau deportiert.

Das System funktionierte. Hitler blieb oft monatelang in Obersalzberg, das nun zu seinem Regierungsposten aufstieg. Hier empfing er Staatsgäste, hier wurde der Anschluss Österreichs in die Wege geleitet. Zusammen mit Eva Braun und Schäferhündin Blondie posierte Hitler derweil vor dem so wunderbar harmlos wirkenden Alpenpanorama seines Berghofs, scheinbar der Volksseele voll und ganz verbunden. Die ideologischen Hintergründe blieben genauso im Dunkeln wie die Tatsache, dass Obersalzberg längst zum volksfernen Führersperrgebiet erhoben worden war. Das Areal der Nazis umfasste schließlich sieben Quadratkilometer und reichte von der Talsenke bis zum Gipfel des Berges Kehlstein. Dieser präsentiert sich als Platz von erhabener Schönheit, so stellte Hitler eines Tages fest. Dadurch inspiriert begann die NSDAP 1937 mit der Errichtung eines Gipfelhauses, des »Kehlsteinhauses«, das Hitler im Namen der Partei anlässlich seines 50. Geburtstags im Jahr 1939 zum Geschenk gemacht wurde.

Der Bau forderte einen unvorstellbaren Aufwand. Zum einen betraf dies das Haus selbst hoch oben auf dem Gipfel, ausgestattet mit mehreren Zimmern, Küche, Bädern und Keller. Mussolini stiftete den Marmor für den Kamin des Wohnzimmers. Der Teeraum wurde mit Marmor, das Stüberl mit kostbarem Zirbelholz verkleidet. Das Design der Möbel stammte vom gefeierten Architekten Paul László, bei dem es sich pikanterweise um einen Ungarn mit jüdischer Abstammung handelte.

Die wesentlich größere Herausforderung stellte es aber dar, einen Zugang zum Kehlsteinhaus anzulegen. Von Obersalzberg aus wurde den steilen Hängen des Bergs eine 6,5 Kilometer lange Straße abgerungen, die 700 Höhenmeter überwindet und dabei durch fünf Tunnel führt. Die Straße endet auf einem großen Platz in 1.696 Metern Höhe, zu dem noch eine weitere, etwas schmalere Zufahrt aus anderer Richtung gebaut wurde. 138 Höhenmeter trennen diesen Platz vom Kehlsteinhaus.

Natürlich konnte es dem Führer nicht zugemutet werden, diese Strecke hinaufklettern zu müssen. Deshalb schlugen Arbeiter einen 124 Meter langen und drei Meter hohen Tunnel in den Berg hinein. Dieser Tunnel führt zu einem Aufzug, der innerhalb von nur 41 Sekunden weitere 124 Meter überwindet, dieses Mal geradewegs nach oben. Messing und venezianische Spiegel schmückten die Kabine. Außerdem bot sie gepolsterte Sitzplätze, sollten die 41 Sekunden dem Führer zu lang sein, um sie im Stehen zu verbringen. Zwölf Arbeiter mussten beim Bau dieses Luxuslifts ihr Leben lassen.

Hitler selbst hat das Kehlsteinhaus nur einige wenige Male besucht. Die Anreise empfand er, allem Komfort zum Trotz, als zu lästig, auch befürchtete er, einem eventuellen Angriff der Alliierten dort oben – oder schlimmer noch im Fahrstuhl – hilflos ausgeliefert zu sein.

Ein französischer Diplomat, der von dem bemerkenswerten Haus hörte, gab ihm den Namen »Eagle's Nest«, Adlerhorst, eine Bezeichnung, die sich nach Kriegsende im englischsprachigen Raum allgemein durchsetzen sollte. Kurz vor Kriegsende bombardierten im April 1945 britische Streitkräfte sowohl das Kehlsteinhaus als auch die Gebäudekomplexe in Obersalzberg. Das Kehlsteinhaus wurde allerdings nicht getroffen, weshalb es bis heute erhalten geblieben ist. Es beherbergt einen Gastronomiebetrieb und kann in den Sommermonaten besichtigt werden.

Auf Obersalzberg fielen etwa 1.300 Bomben, alle Gebäude des Führersperrgebietes wurden beschädigt. Die SS-Wachtruppen flohen, nicht ohne die Gebäude zuvor in Brand gesteckt zu haben. Einheimische plünderten, was noch zu holen blieb. Im Mai besetzten Amerikaner das Areal. Die Reste der Gebäude wurden größtenteils abgetragen, um die Entstehung eines Kults zu verhindern. Nur das Hotel »Zum Türken« ging wieder an seinen ursprünglichen Besitzer, die übrigen früheren Bewohner der Ortschaft kehrten nie zurück. Obersalzberg wurde nicht wiederaufgebaut. Der Platz, an dem einst Hitlers Berghof stand, ist aufgeforstet worden.

Seit 1999 gibt es das Museum Dokumentation Obersalzberg, in dem die Vergangenheit des Orts beleuchtet wird. Auch Teile der alten Bunkeranlagen können hier besichtigt werden. Obersalzberg gehörte zur Gemeinde Salzberg und ist 1972 zum Markt Berchtesgaden eingemeindet worden.

Aus Mauritia Mayers beschaulicher Pension hatten die Nationalsozialisten ein Luxushotel für Nazi-Größen gemacht.

Die Amerikaner nutzten es als Hotel »General Walker« noch bis Ende der Neunzigerjahre. Anfang des neuen Jahrtausends wurde das Hotel trotz heftiger Bürgerproteste abgerissen. An seinem früheren Standort befindet sich jetzt die Abfahrtstelle der Busse zum Kehlstein, denn mit dem eigenen Auto darf die gefährliche Bergstraße aus Sicherheitsgründen nicht befahren werden.

All das hat Mauritia »Moritz« Mayer nicht mehr erlebt. Die Mutter des Bergtourismus starb bereits 1897, ihr Grab liegt auf dem Alten Friedhof in Berchtesgaden.

Bayerische Creme

Zutaten für 4 Personen
500 ml Sahne
250 ml Vollmilch
4 Eigelb
175 g Zucker
6 Blätter weiße Gelatine
1 Vanilleschote

Zubereitung
Die Eigelbe zusammen mit dem Zucker in eine Rührschüssel geben und mit dem Mixer auf kleiner Stufe langsam verquirlen, bis eine homogene Creme entstanden ist.

Die Gelatine in kaltem Wasser einweichen. Die Milch mit dem ausgekratzten Inneren der Vanilleschote und der Schote selbst kurz aufkochen lassen, vom Herd nehmen und 10 Minuten ziehen lassen. Dann die Vanilleschote herausnehmen, den Milchtopf ins Wasserbad stellen und erneut erhitzen.

Unter ständigem Rühren mit dem Mixer (wieder auf kleiner Stufe) die Ei-Zuckermasse langsam zu der Milch geben bis eine heiße, dickliche Creme entstanden ist. Nun die Gelatine gut ausdrücken und unterrühren.

Den Topf mit der Creme aus dem Wasserbad nehmen und in eine Schüssel mit eiskaltem Wasser stellen. Weiterrühren, bis die Masse zu gelieren beginnt. Nun die Schlagsahne steif schlagen und vorsichtig unterheben. In eine Glasschüssel oder in Portionsschälchen umfüllen, abkühlen lassen und über Nacht kalt stellen.

Wenn die Creme ganz fest geworden ist, kann sie auch gestürzt werden. Das geht leichter, wenn die Schüssel zuvor mit Butter eingefettet wurde.

Mit Himbeersauce und/oder frischen Beeren servieren.

Goethe und die Raubritter – die Romantik der Luisenburg

Es gab einmal eine Zeit, in der alle Gipfel des Fichtelgebirges stolze Ritterburgen trugen. Finstere Gesellen hausten in diesen Gemäuern, sie lebten davon, Reisende zu überfallen und auszurauben. So fristeten sie ihr Dasein als ruchlose Verbrecherbanden.

Auf einem hohen Felsen am östlichen Rand des Fichtelgebirges lag die Lugsburg, in der besonders ungestüme Raubritter herrschten. Unten im Tal führte die Straße nach Eger vorbei, einer freien Reichsstadt in Böhmen, die wichtige Handelsbeziehungen zu anderen Städten pflegte. Die Route wurde deshalb gut frequentiert, hier gab es für die Räuber immer etwas zu holen. Mit den Jahren trugen sie einen Schatz zusammen, den sie unter einer Stufe im dunklen Kellergewölbe ihrer Burg verbargen: einen Kupferkessel voller Goldgulden sowie eine kostbare Krone aus Gold, Edelsteinen und Perlen.

Doch eines Tages rüstete sich die Stadt Eger und griff das Räubernest an. Mit List verschafften die Egerer sich Einlass, und als die Burg in Flammen aufging, stürzte sich eine Burgdame von den Zinnen der Festung in den Tod. Seither irrt sie als Geist durch die Wälder der Umgebung, und die Burg selbst existiert nicht mehr.

Nur ein paar Überreste von Mauern erzählen noch von der einstigen Bedrohung. Und mit der Lugsburg ging auch der Schatz der Raubritter verloren. Unzählige Glücksjäger haben den Untergrund der Ruinen durchwühlt, doch keiner wurde fündig. Eine Sage behauptet nämlich, nur mithilfe eines zwergenhaften Mönchs, einäugig, hinkend und mit schwarzer Kutte bekleidet, könnten Schatz und Goldkrone dereinst gehoben werden. Allerdings nur am Dreikönigstag, und zwar einzig und allein von einem Sonntagskind. Denn keinem anderen wird sich das Mönchlein zeigen.

Diese romantische alte Sage hat Ludwig Bechstein, ein Schriftsteller aus Sachsen-Meiningen, im 19. Jahrhundert aufgeschrieben und überliefert. Die Lugsburg gab es tatsächlich, sie lag auf einer Anhöhe oberhalb der oberfränkischen Stadt Wunsiedel im Nordosten Bayerns.

Bereits im 18. Jahrhundert entdeckte ein Heimatkundler ihre bescheidenen Reste. Er konnte oben auf dem Berg zwar nur wenige Spuren der alten Burganlage ausmachen, doch als weitaus beeindruckender erwiesen sich die mächtigen Felsen, die er dort überall auffand. Es wirkte geradezu, als hätten Riesen sich mit Steinbrocken beworfen. Die Bürger von Wunsiedel gerieten in Hochstimmung und machten sich daran, das Felsgebiet freizulegen, um es in einen Landschaftsgarten zu verwandeln.

Zehn Jahre benötigten sie, um Wege zwischen den Felsgiganten anzulegen. Nach Fertigstellung im Jahr 1800 luden sie Besucher ein, das Naturwunder zu bestaunen. Damals herrschte eine sehnsuchtsvolle Naturbegeisterung, und so erschienen zahlreiche Adelige. Um den wildromantischen Stiegen mit ihren steilen Treppen, engen Spalten und niedrigen Felsdurchgängen folgen zu können, mussten sie sich bücken, mitunter sogar kriechen – eine ungewohnte Körperhaltung für die vornehme Gesellschaft. Doch das versetzte die Gäste umso mehr in Entzücken.

Dann, im Jahre 1805, kam schließlich die preußische Königin Luise mit ihrem Ehemann zu Besuch. Sie verfiel in grenzenlose Schwärmerei und sorgte dafür, dass das fantastische Felsenmeer auf dem Berg der Lugsburg schon bald in aller Munde war. Dies wiederum gab den Anstoß zum weiteren Ausbau des Landschaftsgartens und trug ihm zudem seinen Namen ein. Denn nach der preußischen Königin heißt er bis zum heutigen Tag »Luisenburg«.

Schon viele Jahre zuvor entdeckten Wunsiedler Lateinschüler eine Felsplatte zu Füßen der Luisenburg. Hier bot sich eine gute natürliche Akustik, die sie sich zu Nutze machten, um selbstverfasste Stücke aufzuführen. Weil sie dabei aber recht derbe Zoten und Possen zum Besten gaben, schritt eines Tages die Schulleitung ein und untersagte ihre Veranstaltungen. Anstelle der Schüler erschienen nun Wunsiedler Honoratioren und führten Singspiele auf. Just in dieser Zeit wurde auch der Felsengarten ausgebaut und die Gelegenheit ergriffen, ein Festspielgelände um die Felsplatte herum anzulegen. Alljährlich im Sommer fanden hier nun Aufführungen statt, es gab Operetten, Lustspiel und Gesang.

Das Naturwunder von Wunsiedel zog die Prominenz jener Zeit in seinen Bann. So ist es nicht verwunderlich, dass auch der naturwissenschaftlich interessierte Goethe sich eines Tages auf den Weg nach Wunsiedel machte. Er studierte eingehend die zahllosen Felsbrocken und sinnierte über den Ursprung des Naturwunders. Es müsse sich um eine gewaltige Katastrophe gehandelt haben, so vermuteten die Einheimischen. Ein fürchterliches Erdbeben, vielleicht begleitet von Sturm, Wolkenbrüchen und Sturzfluten, was einst zum Einsturz des Bergs geführt habe.

Goethe zeigte durchaus Verständnis für diese Vorstellungen, jedoch erkannte er mit dem geschulten Blick des Gelehrten, dass es eine andere Ursache geben musste. Heute wird das Phänomen »Wollsackverwitterung« genannt. Sie ist gekennzeichnet durch aufeinandergetürmte Felsblöcke, die an prall gefüllte Säcke erinnern, so wie sie früher als Matratze oder zum Transport von Wolle dienten.

Bei der Wollsackverwitterung sickert zunächst Wasser in den Untergrund. Bei Frost gefriert es zu Eis, wodurch sich kleine Risse im Gestein bilden. Durch ständige Wiederholung dieses Prozesses werden die Spalte vergrößert und setzen sich durch den gesamten Felsen fort. Gleichzeitig wird er durch Erosion des Untergrunds allmählich freigelegt und gelangt an die Oberfläche. Besteht nämlich der Untergrund aus verschiedenen Gesteinsschichten, so werden die weicheren zuerst abgetragen. Härteres Gestein wie der Granit der Luisenburg ragt schließlich aus dem Boden hervor. Die Risskanten des Granits sind in der Folgezeit der Verwitterung besonders stark ausgesetzt. Chemische Prozesse lösen an diesen Stellen Minerale, was zur Abrundung der Ecken führt. So entstand im Lauf von Jahrmillionen das natürliche Felsenlabyrinth der Luisenburg, allein geschaffen von der beharrlich wirkenden Kraft des Wetters.

Noch heute ist die Luisenburg ein beliebtes Ausflugsziel und hat von ihrem wildromantischen Charme nichts eingebüßt. Sie trägt das offizielle Siegel »Bayerns schönste Geotope«. Besucher sollten aber gut zu Fuß sein und vor allem geeignetes Schuhwerk tragen. Ich selbst habe ehrlich gesagt beim Klettern und Kriechen ganz schön gestöhnt.

Und auch die Festspiele finden nach wie vor alljährlich statt, mit einem bunten Aufgebot von Musicals, Opern, Operetten, Konzerten, Theater, Volks- und Kinderstücken sowie Kabarett. Sie ziehen viele Besucher in das strukturschwache Gebiet, das zumindest in wirtschaftlicher Hinsicht schon bessere Zeiten erlebte. Denn ab dem frühen Mittelalter florierte im Fichtelgebirge der Bergbau. Hier wurden Gold, Zinn, Eisen, Marmor, Speckstein, Granit und Ton abgebaut. Auch Wunsiedel ist deshalb eine alte Bergbaustadt. Doch in der Zeit des Dreißigjährigen Kriegs erschöpften sich die Bodenschätze.

Nun hieß es, neue Ideen zu entwickeln. Im benachbarten Selb wurden die Vorzüge der Porzellanmanufaktur entdeckt, dort machten sich Firmen wie Rosenthal und Hutschenreuther einen renommierten Namen. Im Porzellanikon, einem Museumskomplex, der sich dem Thema widmet, kommen Freunde des Weißen Goldes auf ihre Kosten. Es ist das größte derartige Museum in Europa.

Die Stadt Wunsiedel fokussierte sich hingegen auf Festspiele und Felsengarten. Etliche weitere Gemeinden setzen schon seit den 1920er Jahren ebenfalls auf den Tourismus. Denn auch Wanderern und Wintersportlern hat diese Gegend allerhand zu bieten.

Allerdings sollten Sie beim Wandern im Fichtelgebirge gut auf der Hut sein. Vielleicht begegnet Ihnen nämlich im einsamen Wald die unglückselige Burgdame der Lugsburg, die ja dort noch immer als Gespenst umgeht. Und sie ist nicht die Einzige. Eine Nonne, deren heimlicher Geliebter auf der Lugsburg lebte, fand gleichfalls keine Ruhe nach dem Tod. Sie hatte nämlich ihr Kind im Moor ertränkt. Geplagt von Schuld soll auch sie bis heute durch die Wälder geistern. Ob die beiden Spukgestalten dabei jemals dem geheimnisvollen Mönch über den Weg gelaufen sind?

Bänkstiezel – ein Rezept aus dem Fichtelgebirge

Zutaten

600 g Mehl
6 große Kartoffeln
250 ml Milch
100 g saure Sahne
2 Eier

1 Würfel Hefe
1 El Speiseöl
1 El Zucker
Anis, Salz, reichlich Butter
zum Einfetten

Zubereitung

Die Kartoffeln schälen. Vier davon in kaltes Wasser legen, die anderen beiden weich kochen und gut zerstampfen. Die Hefe mit dem Zucker in einer Tasse mit der Gabel zerdrücken, bis sie flüssig geworden ist. Das Mehl in eine Schüssel geben, Milch und Hefe dazugießen und gut verkneten, bis ein geschmeidiger Teig entstanden ist. Abgedeckt an einem warmen Ort 45 Minuten lang gehen lassen. Die rohen Kartoffeln aus dem Wasser nehmen, trocknen und reiben. Die Masse gut ausdrücken und abtropfen lassen. Nach dem Ende der Gehzeit die rohe Kartoffelmasse, die gestampften Kartoffeln, 1 El Speiseöl, die saure Sahne, die Eier, etwas Anis und etwas Salz zu dem Hefeteig geben und alles einige Minuten lang gut durchkneten.

Ein hohes Backblech gut mit Butter einfetten und den Teig darauf auswalzen. Abdecken und nochmals 30 Minuten lang gehen lassen.

Den Backofen auf 180°C vorheizen und den Teig 50 Minuten lang darin backen. Dann aus dem Ofen nehmen und die Oberfläche dick mit Butter bestreichen.

Passt zu Fleisch, Gemüse und Salat. Als süße Variante mit Zucker überstreuen und mit Kompott zum Kaffee servieren.

Die Perle am Bodensee – Lindau

Hohe, alte Linden spendeten Schatten auf der lieblichen Insel, und strahlend blau lag der große See vor dem prächtigen Bergpanorama, das den Horizont säumte. Eine kleine, friedliche Oase des Friedens, abgeschieden von den Umtrieben der restlichen Welt. Nur ein paar Fischersleute lebten auf dieser Insel, einfache, in sich gekehrte Gesellen. Wäre das nicht der ideale Ort, um ein Kloster zu gründen? Ein Stift für adelige Damen, die nicht nur Ruhe für ihre Gebete finden, sondern sich beim Anblick der erhabenen Landschaft auch Gott ein bisschen näher fühlen würden?

So dachte einst Graf Adalbert von Rätien, der auf den Wassern jenes Sees in höchste Seenot geraten war. Ein plötzlich aufkommender Gewittersturm hatte seine Jolle zum Kentern gebracht. Doch in letzter Sekunde kam ihm einer der Inselfischer zu Hilfe und barg ihn aus dem tobenden Wasser. Auch die Bootsleute wurden gerettet, sogar der Jüngste, der nicht schwimmen konnte. Der Graf verbrachte die Nacht bei den Fischern. Als er am Morgen ins Freie trat, da schien die Luft vom Gewitterregen wie frisch gewaschen. In diesem klaren Licht wirkte der Anblick des Sees und der Berge noch erhabener als zuvor. Da beschloss Adalbert voller Dankbarkeit, ein Kloster auf dieser Insel zu stiften. Dies ereignete sich um das Jahr 810.

Das Kloster gelangte schnell zu blühendem Leben, denn auch die Adelsdamen wussten die Schönheit zu schätzen.

Wegen der Linden, die die Auwiesen der Insel zierten, nannten sie ihre neue Heimat »Lindau«. Den großen See bezeichneten viele Menschen als das »Schwäbische Meer«, es handelte sich um den Bodensee.

Da auf dem Festland bei Lindau zwei wichtige Straßen verliefen und viele Händler des Weges führten, gründeten die Nonnen im Jahr 850 an der Kreuzung dieser Wege einen Markt. Das erwies sich als geschickter Schachzug, denn der Platz lag äußerst günstig. Der Markt gewann deshalb schnell Ansehen und wurde gut frequentiert. Gegenüber von Lindau, am anderen Seeufer, mündete zudem der Alpenrhein ins Schwäbische Meer. Die Händler brauchten den See nur mit dem Schiff zu überqueren, um in das Flusstal zu gelangen. Von dort ließen sich die nach Oberitalien führenden Schweizer Pässe gut erreichen. Denn im Tal des Alpenrheins begann die »Untere Straße«, die über Chur zu den Alpenpässen Splügen und San Bernardino führte, außerdem auch die »Obere Straße« in Richtung Septimerpass. Beide gehörten zu den wichtigsten Routen nach Italien.

Als die Zeiten durch ständige kriegerische Scharmützel im 11. Jahrhundert unruhiger wurden, verlegten die Klosterfrauen den Markt auf ihre besser geschützte Insel. Um die erhabene Ruhe des Eilands war es nun allerdings geschehen. Kaufleute siedelten sich an, Lindau entwickelte sich zur Stadt. Eines Tages wurde eine Brücke errichtet, die Lindau mit dem Festland verband. Wichtige Güter wie Getreide, Holz, Hanf, Vieh, Käse und Salz wurden in Lindau gehandelt, und über den See kamen Waren aus Italien, zum Beispiel Wein, Stoffe, Kunsthandwerk, mediterranes Obst und allerlei Gemüse. Mailänder Geldverleiher tätigten ihre Geschäfte in Lindau, und schließlich kam mit dem »Mailänder Boten« ein wöchentlicher Transportdienst zwischen Lindau und der lombardischen

Metropole hinzu. Für die Strecke wurden im Durchschnitt nur gut fünf Tage benötigt. Ein großer Fortschritt für das mittelalterliche Handelswesen, aufgrund dessen Lindau zu einer der deutschen Städte mit den engsten Verbindungen nach Norditalien avancierte.

Kaiser Maximilian I., genannt »der letzte Ritter«, berief 1496 einen bedeutenden Reichstag nach Lindau ein. Denn er befand sich gerade auf einem Feldzug in Norditalien. Lindau mit seinen guten Verkehrsanbindungen nach Italien bot sich deshalb als idealer Versammlungsort an. Zur Erinnerung an das wichtige Ereignis schmückten die Lindauer die Fassade ihres erst kürzlich fertiggestellten Rathauses, in dem die Versammlung stattfand, mit Malereien. Der Reichstag verhalf der Stadt zu hohem Ansehen, die Macht der Kaufleute wuchs. Und allmählich befreiten sie sich aus der Abhängigkeit von den Stiftsdamen.

Als Lindau dann während der Reformationszeit protestantisch wurde, sank die Macht des Konvents noch erheblicher. Im 18. Jahrhundert verwüstete ein Großbrand die Gebäude der Abtei und weite Teile der Altstadt, und als Napoleon halb Europa eroberte, da wurde das Kloster schließlich verstaatlicht. Lindau fiel an Österreich, und dieses wiederum trat die Stadt 1805 an Bayern ab. Damit erhielt Bayern nicht nur einen Teil des Schwabenlands, sondern vor allem auch einen wirtschaftlich wichtigen Zugang zum Bodensee. Unter bayerischen Einfluss endete die Ära des Protestantismus, Lindau wurde wieder überwiegend katholisch.

Noch im gleichen Jahrhundert erfuhr der Lindauer Hafen unter bayerischer Oberhoheit Erweiterungen und erhielt eine aufwändige Einfahrt. Schließlich stellte dieser Hafen die südwestliche Eingangspforte zu Bayern dar und sollte einen entsprechend repräsentativen Charakter bieten. So wurde er stilecht mit dem bayerischen Löwen geschmückt, ihm gegenüber liegt der einzige aktive Leuchtturm von Bayern. Die Hafeneinfahrt von Lindau gilt als die schönste des Bodensees. Und Lindau – zumindest der auf der Insel liegende Teil der Stadt – ist einer der zauberhaftesten Orte, den ich dort kennengelernt habe. Zwischen den Barockfassaden der nach dem Großbrand wieder aufgebauten Häuser und dem markanten Mangturm, einem einstigen Leuchtturm aus dem 12. Jahrhundert, zwischen dem Diebsturm, den eine prächtige Spitze schmückt, und der herrlichen Seepromenade atmet der Ort gleichsam italienisches Flair. Die jahrhundertelangen Beziehungen zu Norditalien haben die Stadt ganz offensichtlich nachhaltig geprägt. Wunderbar ist es, hier am Seeufer zu promenieren oder einen lauen Sommerabend auf der Terrasse eines Restaurants zu genießen.

Es kann natürlich nicht verwundern, dass ein derartiges Kleinod schon früh von Touristen entdeckt wurde. Lindau besaß zwar Anschluss an das Schiffverkehrsnetz des Bodensees, doch richtig Fahrt nahm die Sache erst auf, als die Eisenbahn gebaut wurde. Die Fortschrittsbegeisterung ließ schon 1853 einen Bahndamm hinüber auf die Insel entstehen, wo ausgedehnte Gleisanlagen und ein repräsentatives Jugendstil-Bahnhofsgebäude auf die Reisenden warteten. Das sollte sich als ideal erweisen, konnten doch die Feriengäste gleich bequem bis mitten in den Ort hineinfahren.

Deshalb entstanden gleich in Bahnhofsnähe auch zahlreiche Hotels. Bis heute setzen Lindauer Hoteliers auf den Bahnhof als einen ihrer wichtigsten Trümpfe. Dieses Argument führten sie schlagkräftig an, als in jüngerer Zeit Pläne aufkamen, den Bahnhof aufs Festland zu verlegen. Denn einerseits verzögerte die Anfahrt des Lindauer Kopfbahnhofs den überregionalen Bahnverkehr, weshalb die Bahn einen zeitgemäßeren Bahnhof auf dem Festland anlegen wollte. Andererseits belegt die großflächige Gleisanlage ein Gutteil der knappen Inselfläche. Boden, der sich bebauen und gewinnträchtig nutzen ließe. Doch eine vollständige Stilllegung des Lindauer Bahnhofs konnte aufgrund der Proteste nicht durchgesetzt werden. Stattdessen weichen Fernzüge nun aus und nutzen den Bahnhof Lindau-Reutlin. Die Bahnanlage Lindau-Insel wurde verkleinert und dient nur noch dem Regionalverkehr. Auf einem Teil der nicht mehr benötigten Fläche entsteht ein Park, den restlichen Teil haben Bauinvestoren übernommen.

Seit Luitpold von Bayern, der spätere Prinzregent, im Jahre 1848 eine Villa auf dem Festland gegenüber der Lindauer Insel erwarb, siedelten sich dort immer mehr wohlhabende Bürger und Adelige an. So entstand die »Bayerische Riviera«, ein Villengürtel mit edlen Domizilen in bester Lage an den Gestaden des Sees. Und als Lindau in der Nachkriegszeit unter französischer Besatzung über zehn Jahre von Bayern abgetrennt blieb, wurde die Zeit genutzt, um eine Spielbank anzusiedeln und der Stadt mit den regelmäßig stattfindenden Lindauer Nobelpreisträgertagen sowie den Psychotherapiewochen zu weiterem Renommee zu verhelfen.

Und Lindau kann auf noch eine weitere Besonderheit verweisen: Kurz nach Ende des Dreißigjährigen Krieges brachte der engagierte Lindauer Ratsherr Valentin Heider eine neue Tradition auf den Weg. Lindau war lange von den Schweden belagert worden, harte Zeiten lagen hinter den Bewohnern der Stadt. Heider machte sich nun Gedanken, wie den Kindern zu neuem Lebensmut verholfen werden könnte, und so hob er das Lindauer Kinderfest aus der Taufe. Bis heute findet diese Veranstaltung alljährlich am vierten Mittwoch des Monats Juli statt und steht bei den Lindauern hoch im Kurs.

Für Kinder und erwachsene Nostalgiker wartet Lindau außerdem mit einem ganz besonderen kleinen Schmankerl auf: Hier steht einer der letzten Pilzkioske. Das ist eine Verkaufsbude aus den 1950er Jahren, in der eine Molkerei aus Wangen im Allgäu einst ihre Milchprodukte verkaufte. Die wie ein Fliegenpilz aussehenden Häuschen hießen deshalb »Milchpilz« und erwiesen sich damals als großer Erfolg. Es gab sie in ganz Deutschland, sie wurden sogar nach Österreich, in die Schweiz, nach Italien und Griechenland exportiert. Heute existieren nur noch fünf Exemplare, eines davon ist in Lindau zu bestaunen.

Das Damenstift des Grafen Adalbert von Rätien, die Keimzelle der Stadt, überstand die Säkularisierung Anfang des 19. Jahrhunderts nicht. Es beherbergt heute das Landratsamt, seine Kirche dient als katholische Pfarrkirche.

Lindauer Butschellen

Zutaten

500 g Mehl
250 ml Milch
1 Pck. Vanillezucker
80 g Zucker

80 g Butter
80 g Rosinen
1 Hefewürfel
1 Eigelb

Zubereitung

Die Hefe mit dem Zucker in einer Tasse verrühren, bis sie flüssig ist. Die Milch lauwarm erhitzen und anschließend in einer Schüssel mit Mehl, Butter und Hefe gut verkneten, bis ein geschmeidiger Teig entstanden ist. Fünf Minuten lang weiterkneten, dann abgedeckt an einem warmen Ort 45 Minuten lang gehen lassen.

Danach noch einmal kurz durchkneten. Die Rosinen unter fließendem Wasser abspülen, abtropfen und unter den Teig mengen. Nun aus dem Teig handtellergroße runde Laibe formen und auf ein mit Backpapier ausgelegtes Backblech legen. Noch einmal abgedeckt 15 Minuten lang gehen lassen.

Den Backofen auf 180°C vorheizen. Die Butschellen nach Ablauf der Gehzeit an der Oberfläche grob rautenförmig einschneiden und mit dem Eigelb bepinseln. Ca. 30 Minuten lang backen, bis die Butschellen goldbraun sind.

Das Verteilen von kostenlosen Butschellen an die Kinder ist schon seit dem allerersten Lindauer Kinderfest ein wichtiger Bestandteil dieser Veranstaltung. Denn bereits ab dem 16. Jahrhundert wurden hier Butschellen als milde Gabe an arme Kinder verteilt. Das Wort stammt vom lateinischen »buccella« ab, was »Stück« bedeutet.

Faschingsnotstand mit Folgen – die Münchner Weißwurst

Im Jahre 1857 erlebte München ein fulminantes Faschingsfest. Noch wenige Jahre zuvor war das ganz anders gewesen. Der Klerus hatte dafür gesorgt, dass der Brauch, vor Beginn der Fastenzeit noch einmal ordentlich zu feiern und vor allem zu trinken, eingedämmt wurde. Der zügellose Alkoholkonsum, begleitet von Prügeleien und sonstigen Ausschweifungen, missfiel den Kirchenherren nämlich seit jeher. Doch das Zeitalter der Romantik ließ allen Protesten zum Trotz die alte Tradition wieder aufleben. Und so ging es in München nun endlich wieder hoch her, als die Faschingszeit begann.

Am Marienplatz lag das Gasthaus »Zum ewigen Licht«. Hier kehrten die feiernden Droschkenkutscher und Tagelöhner ein, um Bier zu trinken. Und wer ordentlich trinkt, der wird auch hungrig und verlangt nach etwas Deftigem. Dem Wirt sollte es recht sein, er briet Unmengen von Kalbswürsten auf seiner Feuerstelle. Doch in diesem Jahr verlief die Faschingszeit anders als erwartet. Es trafen immer mehr Gäste ein, viel mehr als noch im Jahr zuvor. Der Gastwirt, er hieß Sepp Moser, verteilte Kalbsbratwürste, was das Zeug hielt, und ehe er sich's versah, gab es keine mehr. Schon begannen die hungrigen Gäste zu murren. Da konnte nur eines helfen: So schnell wie möglich mussten neue Kalbsbratwürste her! Der Moser Sepp verfügte zwar noch über genügend Wurstmasse, allein die Saitlinge waren ihm ausgegangen. So hießen die dünnen, kostspieligen Schafsdärme, mit denen er seine Bratwürste herstellte. Deshalb schickte er seinen Lehrjungen los, eilends beim Metzger für reichlich Nachschub zu sorgen. Der Bursche kehrte umgehend zurück – doch brachte er zähen Schweinedarm statt zarten Saitling. Auch beim Metzger hatten die Vorräte sich nämlich zwischenzeitlich erschöpft.

Nun war guter Rat teuer. Der Moser Sepp fürchtete nämlich, dass der dicke Schweinedarm beim Braten zerplatzen könnte. Doch die Gäste, die immer lautstärker nach Essen verlangten, ließen ihm keine Zeit, in Ruhe über eine Lösung des Problems nachzudenken. Kurz entschlossen füllte er deshalb den Schweinedarm mit Wurstmasse und warf die fertigen Würste nicht auf den Grill, sondern in heißes Wasser. Mit süßem Senf reichte er seine Notlösung an die Kundschaft – und die reagierte begeistert. An diesem Tag begann der Siegeszug der Münchner Weißwurst.

Sie ist eine ganz besondere Delikatesse, denn sie besteht zu mindestens 51 Prozent aus teurem Kalbfleisch. Zusätzlich kommen Schweinerückenspeck, Kalbskopffleisch, Salz, Zwiebeln und Zitronensaft sowie Gewürze wie Pfeffer, Petersilie, Muskatblüte, Ingwer und Kardamom in die Mischung. Zur Herstellung einer besonders zarten und lockeren Wurst wird außerdem noch gestoßenes Eis benötigt. Eine gute Wurst weist nicht mehr als 30 Prozent Fett auf und enthält höchstens je zehn Prozent Schweinespeck und Kalbskopffleisch. Die Zubereitung erfordert ziemlichen Aufwand, und die Zutaten sind nicht billig. Deshalb zählt die echte Münchner Weißwurst zu den anspruchsvolleren Speisen, wenngleich es unbestreitbar deutlich raffiniertere Küchenkreationen geben mag.

Das Mittagsläuten soll die Weißwurst nicht hören, so heißt es landläufig. Münchner Metzger bereiteten die Wurst nämlich schon in den frühen Morgenstunden zu, damit sie zum Frühstück oder als Vormittagsimbiss mit einem Weißbier genossen werden konnte. Lag sie für längere Zeit herum, so bekam sie eine unappetitlich graue oder auch rötliche Farbe. Das fand seine Ursache darin, dass es früher keine ausreichenden Kühlmöglichkeiten gab, und deshalb musste die Wurst möglichst bald nach ihrer Herstellung verzehrt werden.

Heute gilt das freilich nicht mehr. Abgesehen davon, dass jeder Metzgerladen über eine Kühltheke verfügt, werden die Würste mittlerweile vorgebrüht, sodass sie länger haltbar sind. Es gibt sie außerdem auch eingeschweißt oder in der Dose. Somit können sie problemlos über längere Zeit gelagert und weltweit vertrieben werden. Und natürlich existiert im Zuge der allgemeinen Durchreglementierung auch längst ein Gesetz, das den Verkauf von rohen Weißwürsten untersagt. Trotzdem wird Weißwurst in Nieder- und Oberbayern noch immer gerne mit Brezen, süßem Senf und Weißbier am Vormittag zum Frühschoppen verspeist.

Die Wurst muss zuvor für gut 15 Minuten in heißem Salzwasser ziehen. Keinesfalls darf das Wasser sieden, denn dadurch leidet nicht nur der Geschmack der Wurst, schlimmer noch ist, dass der Darm aufplatzen könnte. Außerdem ließe dieser sich dann nicht mehr so leicht abpellen.

Denn der Darm wird nicht mitgegessen, vielmehr soll die Wurst »gezuzelt« werden. Dieser Fachterminus bezeichnet das Herausziehen und das Aussaugen des Wurstinhalts aus dem Darm mithilfe der Zähne. Dazu wird die Wurst beherzt in die Hand genommen. Wem das zu archaisch erscheint, der schneidet die Wurst mit dem Messer längsseitig auf und entnimmt dann mittels eines Bestecks die Füllmasse, eine Verzehrmethode, die von Fundamentalisten allerdings entschieden abgelehnt wird. Theoretisch könnte selbstverständlich auch die Wursthülle mitgegessen werden, denn sie besteht ja aus Naturdarm. Eine ähnliche Wurst war schon im Frankreich des 14. Jahrhunderts bekannt. Dort hieß sie »Boudin Blanc« – »Weißwurst«. Zufall?

Tatsächlich gibt es Stimmen, die behaupten, die Weißwurst sei schon lange vor 1857 in München verbreitet gewesen. Aus Frankreich soll das Rezept nach München gekommen sein, womöglich im Zuge der napoleonischen Besatzung. Zunächst gab es eine Maibockwurst, gemacht aus Kalbsbrät, Schweinefleisch und reichlich Grünzeug. Sie gilt als Vorläufer der feineren, weniger kräftig gewürzten Weißwurst. Ist die Erfindung also gar nicht dem Moser Sepp zuzuschreiben?

Tatsache ist, dass wir es nicht genau wissen. Schließlich stand kein Geschichtsschreiber in Mosers Kneipe neben dem dampfenden Kessel, als der 1857 seine Weißwürste dort hineingleiten ließ. Verbrieft ist immerhin, dass es den Moser Sepp tatsächlich gab, genau wie seine Kneipe. Die fungierte damals noch als »Winzigwirtschaft« und bestand aus einem einzigen fensterlosen Raum. Daher auch der Name »Zum ewigen Licht«, denn ohne Kerze ging hier gar nichts. Damen hatten keinen Zutritt zu der verqualmten Spelunke. Hat er in diesem Loch wirklich die ersten Weißwürste fabriziert?

Womöglich wurde dem Moser Sepp die Erfindung erst deutlich später angedichtet, nämlich als 1935 die Gaststätte »Zum ewigen Licht« nach weitgehenden Umbaumaßnahmen wieder eröffnete. Ist also die ganze Story nichts als eine Marketingmasche? Das »Ewige Licht« ist mittlerweile zu einem Bistro am Marienplatz mutiert. Die Augustinerbrauerei führt ein Restaurant gleichen Namens, was Weißwurstforschenden aber auch nicht wirklich weiterhilft. Die Wahrheit mag wohl für immer im aufsteigenden Dampf über dem Wurstkessel verborgen bleiben.

Münchner Weißwurst mit süßem Senf

Zutaten für 6-8 Personen

1.500 g Kalbsbrät (vom Metzger durchgedrehtes Kalbfleisch)
150 g Schweinespeck
150 g Kalbskopffleisch
ca. 3 m Schweinedarm
800 ml fein zerstoßenes Eis
1 Zwiebel
1 Bund Blattpetersilie
Saft von 1 Zitrone
1 Tl geriebener Ingwer
1 Tl Muskatblüte (Macis)
1 Tl Kardamom
Salz Pfeffer
Für den Senf:
50 ml Apfelwein
100 ml Weißweinessig
1 Zwiebel
60 g Senfpulver
30 g Senfkörner
25 g Zucker
2 Nelken
1 Lorbeerblatt
Salz

Zubereitung

Für den Senf die Zwiebel schälen, in Scheiben schneiden, zusammen mit Essig und Apfelwein aufkochen. Lorbeerblatt und Nelken zugeben, 30 Minuten bei schwacher Hitze köcheln. Dann durch ein Sieb in eine Schüssel gießen. Zucker und Senfpulver unterquirlen. Die Senfkörner untermischen, salzen. Abgedeckt zwei Tage im Kühlschrank ziehen lassen.

Für die Wurst das Kalbskopffleisch garen und zerkleinern. Die Zwiebel schälen, die Petersilienblättchen abzupfen, beides hacken. Den Speck würfeln. Alles zusammen mehrfach durch den Fleischwolf drehen, danach mit dem Kalbsbrät vermischen. Den Zitronensaft und die Gewürze untermengen, salzen, pfeffern und mit dem gestoßenen Eis vermischen. Noch einmal durch den Fleischwolf drehen, dabei sofort in den Darm hineinpressen, 12 bis 15 cm lange Würste abteilen und an den Enden verknoten. 15 bis 20 Minuten in heißem Salzwasser (ca. 70°C) ziehen lassen.

Mit dem süßen Senf, Brezen und Weißbier servieren.

Wie Jim Knopf auf einer Insel mit zwei Bergen landete – die Augsburger Puppenkiste

Vorwitzig tastet sich ein Sonnenstrahl durch die Dachluke. Das alte Fenster ist fast blind, der Strahl muss sich Mühe geben, um die dicke Patina zu durchdringen. Doch endlich trifft er auf das Gebälk des Dachbodens. Unzählige Staubkörnchen flirren herum, als habe das plötzliche Licht sie aufgeschreckt. Fast scheint es, als seien sie tanzende Sterne in einem vergessenen Universum, der verzauberten Welt in einer anderen Dimension.

Es muss wohl tatsächlich so sein, denn als er sich weiter vortastet, fällt der Lichtstrahl auf einen wunderschönen Leuchtturm. Wie kommt der hierher auf den Dachboden, wo doch weit und breit kein Wasser in der Nähe ist? Hinter dem Leuchtturm taucht nämlich ein tiefer Wald auf, und gleich daneben ist ein UFO gelandet. Es wird von zahlreichen kleinen Häusern umrahmt, ganz so, als hätten sie sich versammelt, um den Besucher von einem fernen Planeten zu bestaunen. Doch wo sind ihre Bewohner?

Über ein Karussell und viele Autos, fantastische Pflanzen und einen Kirchturm hinweg geht es weiter in den Nebenraum, dessen Tür einen Spalt weit offensteht. Dort gibt es Stangen, von ihnen hängen zahllose durchsichtige Plastiksäcke herab. Vorsichtig tastet der Sonnenstrahl sich weiter, und unvermittelt fällt er auf ein Paar Füße, steif und leblos in einem Plastiksack. Eine Hand, einen Arm, ein merkwürdig starres Gesicht. Gespenstisch fahl leuchten auch in den anderen Säcken entseelte Gestalten auf. Ist es ein Gruselkabinett der Toten, in das der Lichtstrahl vorgedrungen ist?

In der Tat sind die Gestalten ohne jedes Leben und hängen traurig in ihren Säcken vor sich hin. Doch das kann sich jederzeit ändern. Es muss nur die richtige Hand nach ihnen greifen, dann werden sie urplötzlich erwachen. Mit einzigartigem Charisma werden sie die Menschen verzaubern, denn es handelt sich um Charakterdarsteller der ganz besonderen Art. Unser Lichtstrahl hat sich nämlich auf den Dachboden der Augsburger Puppenkiste verirrt, den Wartesaal der Requisiten. In dieser Schatzkammer lagern die Helden unzähliger Kinderträume. Hier hängen die berühmten Protagonisten zauberhafter Geschichten, die nicht nur Kinder in Schwärmerei versetzen.

Mancher von ihnen ist aber nicht auf dem Dachboden gelandet. Jim Knopf und Lukas zieren zusammen mit Emma, ihrer Lokomotive, seit 2001 das Puppenkistenmuseum in der ersten Etage des Gebäudes. Und auch das Urmel aus dem Eis, Kater Mikesch, die Katze mit dem Hut und der Löwe, der los ist, geben sich dort ein Stelldichein. All die magischen Wesen, die als Marionetten im Puppenspiel so manche Kindheit begleitet haben.

Verglichen mit moderner Computeranimation wirken die Aufführungen der Augsburger Puppenkiste auf geradezu rührende Weise altmodisch. Stets sind die Marionettenfäden deutlich zu sehen, die rollenden Meereswogen können nicht über die Plastikfolie hinwegtäuschen, die sie erzeugt. Die Holzpuppen bewegen sich zackig und wirken recht ungelenk. Und doch scheint gerade in der fehlenden Perfektion der ganz besondere, einzigartige Zauber der Augsburger Puppenkiste zu liegen. Ganz offensichtlich ist es nur Spielzeug, das sich vorn auf der Bühne bewegt. Es erwacht zum Leben, nimmt einen ganz spezifischen Charakter an und erschafft auf diese Art eine perfekte Illusion. So kommt es, dass mittlerweile ganze Generationen die Augsburger Puppenkiste lieben lernten, und dass sie für viele Menschen eine magische Kindheits-Nostalgie verkörpert.

Vielleicht erinnerte sich Walter Oehmichen selbst auch mit Wehmut an seine Kindheit, als er 1940 im Lagerraum einer Schule im französischen Calais ein kleines altes Puppentheater entdeckte. Wer könnte ihm das verdenken, denn es herrschte der Zweite Weltkrieg und Oehmichen war als Soldat in dieser Schule einquartiert. Er schaffte das Fundstück zu den Kameraden und unterhielt sie mit einer spontan improvisierten Aufführung. Ist es verwunderlich, dass er die jungen Soldaten damit begeistern konnte?

So entstand seine Idee von einem portablen Puppentheater, das er immer mit sich führen und mit dem er überall ohne großen Aufwand eine Vorstellung geben konnte, um den Menschen eine Freude zu machen. Noch während des Kriegs konstruierte er zusammen mit Frau und Töchtern ein eigenes Marionettentheater, das sich in einem Schrein befand.

Im Februar 1944 veranstaltete er eine erste Aufführung im Stadttheater von Augsburg. Doch in der Nacht geriet das Theater während eines Bombenangriffs in Brand und mit ihm Oehmichens Puppenschrein. Glücklicherweise hatte er aber seine Puppen mit nach Hause genommen, sodass wenigstens sie erhalten blieben. Oehmichen beschloss, seine Bühne noch weiter zu verkleinern, damit er stets das komplette Theater mitnehmen konnte. So entstand die Puppenkiste.

Zwei große Holzdeckel verschließen die nur 90 Zentimeter mal zwei Meter große Bühne des Miniaturtheaters. Quer ist mit dicken Lettern »Augsburger Puppenkiste« über die beiden Deckel geschrieben, und rechts unten in der Ecke prangt etwas bescheidener die Ergänzung: »Oehmichens Marionettentheater«. Das verheißungsvolle Öffnen dieser beiden Deckel, des sich so profan präsentierenden Tors zu Oehmichens magischer Welt, wurde zum Markenzeichen des kleinen Theaters.

Schon bald nach dem Krieg tat sich eine neue Perspektive für Oehmichens Theater auf. Das ehemalige Heilig-Geist-Spital in Augsburg stand leer, dort gab es einen Saal, den Oehmichen nutzen konnte. Anfangs ging es noch recht schlicht dabei zu, die Zuschauer saßen auf Biergartenstühlen, die Wände waren mit Stoff abgehängt, die Scheinwerfer selbstgebaut und als Toilette diente ein »Donnerbalken«. Doch der Erfolg gab Oehmichen recht. Bereits 1950 begab er sich mit seiner Kiste auf Deutschlandtournee, und es dauerte nicht lange, bis das noch junge westdeutsche Fernsehen auf ihn aufmerksam wurde. Noch gab es kein weltweites Überangebot an Sendeformaten, und deshalb wurde händeringend nach Möglichkeiten gesucht, die Zuschauer des neuen Mediums zu unterhalten. Da erschien das Puppentheater geradezu ideal, passte es von seinen Ausmaßen her doch schon fast in den Fernseher hinein.

1953 erfolgte mit »Peter und der Wolf« die erste Ausstrahlung. Schlagartig kannte die ganze Bundesrepublik nun die Augsburger Puppenkiste und verlangte nach mehr. Jahr für Jahr gab es von da an gleich mehrere Fernsehproduktionen. Bloß die Kistendeckel mussten dafür etwas angepasst werden, damit sie zum gängigen Fernsehformat von 4:3 passten.

Oehmichens Tochter Hannelore entwickelte in diesen ersten Jahren ein erstaunliches Talent zur Herstellung der Marionetten. Die berühmtesten Charaktere entstanden unter ihrem Schnitzmesser, während Mutter Rose die Puppenkleidchen kreierte. Rose sprach auch während der Aufführungen die Mütter und Großmütter, Männerrollen übernahm Oehmichen selbst, während die Tochter den jugendlichen Protagonisten ihre Stimme lieh. Und als sie 1957 den Schauspieler Hanns-Joachim Marschall heiratete, übernahm auch dieser Sprechrollen der Puppenkiste.

Zu den berühmten Kinderstücken wie Kater Mikesch, Räuber Hotzenplotz und natürlich Michael Endes Jim Knopf gesellten sich Aufführungen für Erwachsene. Es gab Kabarett, aber zum Beispiel auch Brechts Dreigroschenoper, de Saint-Exupérys Kleinen Prinz oder die Geschichte vom Dr. Faust. Außerdem führte das Team vereinfachte Opernadaptionen auf, bei denen die Puppenspieler auf große Gesangskunst verzichteten und stattdessen selbst zur Musik trällerten.

Boten die Fernsehausstrahlungen anfangs noch Direktübertragungen des Spiels, so fand ab Ende der Fünfzigerjahre allmählich ein Übergang zu aufwendigeren Produktionen statt. Jetzt nutzten sie die technischen Möglichkeiten des Fernsehens und unterschieden sich dadurch drastisch von den live aufgeführten Theaterinszenierungen. Die gefeierten Fernseharrangements konnten deshalb nie auf der Bühne in Augsburg nachgestellt werden.

Zunächst wurde noch im gängigen Schwarzweißformat gedreht. So kommt es, dass der Sensationserfolg Jim Knopf von 1961 im Jahr 1976 noch einmal neu in Farbe aufgenommen werden musste. Doch schon die Löwe-Trilogie wurde ab 1965 vorausschauend in Farbe aufgezeichnet. Die Vorlage dazu stammte vom Kinderbuchautor Max Kruse, der in den Siebzigerjahren zum Hauptideengeber der Puppenkiste aufstieg.

Und wenn auch die Produktionen der Augsburger Puppenkiste im allgemeinen Überangebot von Fernsehsendern und Streamingdiensten mittlerweile unterzugehen drohen, überstanden sie doch die Jahrzehnte. In den Achtzigerjahren gab es »Die Opodeldoks«, »Fünf auf dem Apfelstern« und »Schlupp vom grünen Stern«, in den Neunzigern neben einigen Fernsehstücken einen Auftritt bei »Wetten, dass...?« Und mit der Story von »Monty Spinnerratz« einen Spielfilm, der 900.000 Zuschauer ins Kino lockte und vom Bayerischen Fernsehen als bester Kinderfilm des Jahres 1997 ausgezeichnet wurde. Im neuen Jahrtausend ging es mit verschiedenen Fernsehprojekten weiter.

Aber auch das Augsburger Theater hat sich entwickelt. Es zog im Jahr 2000 in neue Räumlichkeiten des altehrwürdigen Spitals um, die beiden Deckel öffnen sich dort bis heute für Aufführungen der Puppenkiste. Seit 2003 tourt sie außerdem mit einem Mutmachstück durch deutsche Kinderkliniken, außerdem besucht sie Kindergärten, wo das gezeigte Stück bei der kindgerechten Aufarbeitung von Emotionen helfen soll. Mit »Urmels große Reise« ist die Puppenkiste in ganz Deutschland unterwegs. Auf beachtliche Erfolge können außerdem ihre Musikproduktionen verweisen: Eine Coverversion des Jim-Knopf-Hits »Eine Insel mit zwei Bergen« landete 1995 einen Hitparadenerfolg und kassierte eine Platinschallplatte.

Walter Oehmichen starb 1977, seine Frau Rose 1985 und beider Tochter Hannelore im Jahr 2003. Doch die Puppenkiste lebt weiter. Die Enkel Klaus und Jürgen Marschall tragen dafür Sorge. Klaus leitet das Theater und Jürgen hat die handwerklichen Fähigkeiten seiner Mutter geerbt. Er fertigt weiterhin die unverwechselbaren Holzfiguren. Wenn deren kurzes, aber intensives Bühnenleben beendet ist, dann gesellen sie sich zu den anderen, die unter einer schützenden Plastikfolie auf dem Dachboden des Heilig-Geist-Spitals ruhen. Zumindest so lange, bis jemand sie hervorholt und ihnen wieder neues Leben einhaucht.

Buabaspitzle – Schlupfnudeln aus Augsburg

Zutaten für 4 Personen
250 g Roggenmehl
Salz

Zubereitung

150 ml lauwarmes Wasser in einer Schüssel mit dem Roggenmehl zu einem festen Teig verkneten. So lange weiterkneten, bis der Teig nicht mehr klebt, dabei keinesfalls Salz zugeben, da die Spitzle sonst beim Kochen zerfallen werden.

Aus dem Teig etwa 4 cm lange und 5 mm dicke, an den Seiten spitz zulaufende Röllchen formen. In einem Topf 3 l Salzwasser zum Sieden bringen und die Buabaspitzle hineingeben. 10 Minuten lang kochen lassen, dann unter fließendem kaltem Wasser abschrecken und gut abtropfen lassen. Alternativ kann man sie auch in der Pfanne braten oder frittieren.

Sie dienen als Beilage oder können in der Pfanne zusammen mit Sauerkraut gebraten werden. Sehr gut schmecken sie auch, wenn sie mit Butter und Salbei in der Pfanne geschwenkt werden.

Schlupfnudeln heißen sie, weil sie während der Herstellung beim Rollen von den Handballen »schlupfen«. In Schwaben heißen sie »Buabaspitzle«, weil ihre Form an den Penis eines Knaben erinnert. Es gibt neuere Rezepte, die Kartoffeln und Ei verwenden, traditionell wird aber ausschließlich Roggenmehl verwendet.

On Tour mit Ziegenbock – der Bocksbeutel

Ob es die Römer waren, die den Wein ins Frankenland brachten? Im 8. Jahrhundert jedenfalls stellte der Weinbau bereits einen festen Bestandteil der fränkischen Kultur dar, soviel ist belegt. Wo genau seine Anfänge lagen, das hat der Nebel des Vergessens umhüllt. Fest steht, dass fränkischer Wein eine Erfolgsgeschichte schrieb. Auch wenn sein Anbaugebiet heute eher zu den mittelgroßen Weinbauflächen Deutschlands zählt, so ist er doch landesweit bekannt und geschätzt.

Das mag an seinem hohen Mineralstoffgehalt liegen oder am frischen, bodenständigen Geschmack der typischen Rebsorte Silvaner. Auch am gefälligen Müller-Thurgau, einer Traube, die robust und widerstandsfähig ist und deshalb dem Silvaner seinen ersten Rang im Frankenland inzwischen abgelaufen hat. Vielleicht begründet es sich auch damit, dass Frankenwein oft staubtrocken daherkommt, Fachleute sprechen von »fränkisch trocken«. Doch unterm Strich unterscheiden sich die einzelnen Frankenweine ausgesprochen stark voneinander. Ihr Bouquet hängt von der speziellen Region ab, von den verwendeten Rebsorten, mitunter sogar vom jeweiligen Weinberg und natürlich auch immer vom einzelnen Winzer und dessen Philosophie.

Doch es gibt eine Besonderheit, die allen guten Frankenweinen gemein ist und sie selbst für Laien sofort erkennbar macht: den Bocksbeutel. Schon seit mindestens 250 Jahren wird fränkischer Wein in der markanten flachbauchigen Flasche abgefüllt, vielleicht sogar schon viel länger. Wie es dazu kam, ist genauso vergessen wie die Anfänge des Weinbaus in der Region.

Doch liegt es auf der Hand, dass der Bocksbeutel ein praktisches Gefäß ist. Die flachen Flaschen lassen sich gut in der Satteltasche oder gleich griffbereit am Körper verstauen, das ist der Grund, warum ja auch die Feldflasche eine ganz ähnliche Form aufweist. Wird die Flasche unterwegs im Gelände abgelegt, so kann sie nicht davonrollen. Das ist auf Reisen recht vorteilhaft, und gleich stellt sich die Frage, warum Winzer nicht auch in anderen Regionen auf die Idee kamen, ihr Produkt in Bocksbeutel zu füllen. Tatsächlich gibt es zwar solche Gegenden, zum Beispiel in Portugal, doch allgemein durchsetzen konnte sich der Bocksbeutel nicht. Liegt das daran, dass Franken unterwegs weniger auf den griffbereiten Trunk verzichten wollten als Menschen anderer Herkunft? Oder besaßen sie einfach nur mehr Cleverness?

Vielleicht reisten sie auch häufiger. Das Frankenland bestand nämlich bis zum Beginn der Neuzeit weit mehr als andere Regionen aus Kleinstterritorien, die einzelnen Reichsrittern unterstanden. Die organisierten sich schließlich im Fränkischen Ritterkreis, um eine gewisse Ordnung im Land zu etablieren. Regelmäßige Treffen bildeten eine Grundvoraussetzung, folglich stand das Reisen an der Tagesordnung. Bot es sich nicht geradezu an, einen Schoppen Wein in einer Feldflasche mitzuführen?

Feldflaschen wurden schon während der Antike genutzt. Sie setzten sich als praktisches Transportgefäß für kleinere Flüssigkeitsmengen durch. Meist bestand die Flasche aus Glas, Holz, Metall oder Leder, versehen mit einem Überzug aus

Leder oder Filz, der half, die Temperatur des Inhalts länger zu bewahren. So blieb das erfrischende Wasser selbst im Sommer gut gekühlt.

Die fränkischen Ritter brauchten sich freilich nicht mit schnödem Wasser zu begnügen, sie konnten sich Wein leisten und zeigten sich einem guten Tropfen sicherlich auch nicht abgeneigt. Vielleicht kam eines Tages ein Winzer auf die Idee, seinen Wein gleich in die passende Flasche abzufüllen, die nur noch in eine lederne Hülle gesteckt werden musste?

Aber das bleibt nichts als Spekulation. Ein Wörterbuch aus dem 17. Jahrhundert deutet den Ursprung des Worts »Bocksbeutel« als Bezeichnung für den Hodensack eines Ziegenbocks. Soll das heißen, dass der Wein zuerst in gegerbte Hodensäcke abgefüllt wurde, oder ist es nur eine Anspielung auf die Flaschenform? Andererseits trug schon ab dem ausgehenden Mittelalter der Beutel, in dem Gebets- und Gesangbücher aufbewahrt wurden, den Namen Bocksbeutel. In Norddeutschland hieß er »Booksbüdel«, was nichts anderes als Bücherbeutel heißt. Wurde auf diese Art im Frankenland etwa das Fläschchen Wein diskret vor neugierigen Blicken getarnt?

Niemand weiß es, doch fest steht, dass die fränkischen Winzer stolz auf die besondere Flaschenform sind. Deshalb ließen sie in der Deutschen Weinverordnung verankern, dass ausschließlich fränkischer Qualitätswein im Bocksbeutel verkauft werden darf. Das sei unzulässig, entschied der Europäische Gerichtshof im Jahr 1983 und erzwang dadurch eine Änderung der Bestimmung. Wer seinen Wein traditionell und üblicherweise in bocksbeutelförmigen Flaschen abfüllte, darf das auch weiterhin tun, egal ob Franke oder nicht. Fränkische Winzer genießen folglich keinen Markenschutz auf den Bocksbeutel. Doch im Grunde stellt das für sie kein nennenswertes Problem dar, weil außer ihnen nur ein paar Portugiesen Bocksbeutel in deutsche Supermarktregale stellen lassen. In allen anderen Weinbaugebieten ist der Bocksbeutel seit jeher ungebräuchlich, dortige Winzer dürfen also auch nach der Entscheidung des Europäischen Gerichtshofs nicht zum Bocksbeutel greifen, um ihren Wein abzufüllen.

Käufer eines fränkischen Bocksbeutels können im Inneren der Flasche einen qualitativ hochwertigen Wein erwarten, mit einem Mostgewicht von mindestens 72 Grad Oechsle über dem Qualitätswein sowie einer Mindestpunktzahl, die bei der amtlichen Prüfung erreicht wurde. In der Flasche befinden sich 0,75 Liter oder anders gesagt drei fränkische Schoppen. Na dann: Prost!

Fränkisches Hochzeitsessen

Zutaten für 4 Personen

1200 g Ochsenbrust
500 ml Frankenwein
1 gelbe Rübe
2 Zwiebeln
1 Stange Lauch
¼ Sellerie
15 cm frischer Meerrettich
60 g Mehl
250 ml Milch
60 g Butter
30 g Zucker
Saft von ½ Zitrone
1 Eigelb
50 ml Sahne
5 Körner Piment
5 Wacholderbeeren
2 Lorbeerblätter
weißer Pfeffer, Salz

Zubereitung

Das Gemüse schälen bzw. putzen. Eine Zwiebel fein hacken, das restliche Gemüse bis auf den Meerrettich in Stücke schneiden und mit Piment, Lorbeer, Wacholderbeeren, Wein, Salz und Pfeffer in einem Topf mit Wasser aufkochen. Das Fleisch auf das Gemüse legen, sodass es gerade eben mit Flüssigkeit bedeckt ist, und alles 2 ½ Stunden bei milder Hitze köcheln lassen.

Den Meerrettich reiben und mit der gehackten Zwiebel in zerlassener Butter andünsten. Das Mehl darüberstäuben und anschwitzen. Mit 250 ml des Fleischsuds und der Milch ablöschen. Aufkochen, mit Zucker, Zitronensaft, Salz und Pfeffer würzen. Vom Herd nehmen, das Eigelb mit der Sahne verquirlen und mit dem Schneebesen unter die Sauce ziehen.

Das gegarte Fleisch aus dem Sud nehmen, in Scheiben aufschneiden und mit der Sauce servieren, dazu Bandnudeln und Preiselbeeren. Der Fleischsud dient mit Leberknödeln (Rezept Seite 83) als Vorsuppe, als Dessert gibt's Apfelkrapfen mit Vanillecreme (Rezept Seite 123).

An Deutschlands Zenit – die Zugspitze

Nur lächerliche 38 Meter fehlen, um Deutschland in die Reihe der Staaten aufnehmen zu können, die über einen Dreitausender verfügen. Doch was nicht ist, kann ja noch werden!

Die Auffaltung der Alpen begann vor etwa 30 bis 50 Millionen Jahren – auf ein paar Millionen mehr oder weniger kommt es nicht an, wenn geologische Maßstäbe zu Grunde liegen. Ursache für die Entstehung des Gebirgszugs ist die Afrikanische Platte, die sich erdreistet, gegen die Europäische Kontinentalplatte zu drücken. Die wiederum lässt sich nicht so leicht in die Knie zwingen und drückt nach Kräften zurück. So kommt es zu Bildung von Kollisionsgebirgen, ganz so, als würden zwei Schüler ihre Hefte im Streit gegeneinanderdrücken. Wobei die Hefte Falten werfen, Eselsohren bekommen und zerknicken.

Der Streit zwischen Afrika und Europa ist noch nicht entschieden, wie armdrückende bayerische Burschen geben sie nicht so schnell auf. Und weil ihr Armdrücken in geologischen Zeiträumen vonstattengeht, lässt sich nicht absehen, was am Ende dabei herauskommt. Mag sein, dass es keinen Sieger geben wird, doch der Verlierer steht schon fest: das Mittelmeer. Es wird irgendwann als Kollateralschaden auf der Strecke bleiben. Die Alpen hingegen trumpfen auf: Ihr Höhenwachstum ist noch lange nicht abgeschlossen. Würde die Erosion nicht dagegenwirken, so könnten sie eines Tages vielleicht sogar den Himalaya auf die hinteren Ränge verweisen. Und auf dem Weg dorthin wird auch sie unweigerlich weiter gen Himmel aufsteigen: die Zugspitze, Deutschlands höchster Gipfel.

Bis es so weit ist, müssen wir uns damit abfinden, dass der Stolz der Bayerischen Alpen bloß 2.962 Meter über Normalnull misst. Und eigentlich ist das ja auch schon ziemlich viel.

Zumindest, wenn wir von unten hinaufklettern wollen. Dann sind vom Tal aus knappe 2.300 Meter Höhenunterschied auf einer Route von etwa 30 Kilometern Länge zu überwinden, je nachdem, welche der drei Aufstiegsrouten wir wählen. Etwa neun bis zehn Stunden sollten wir dafür einplanen. Allerdings nur, wenn wir hinlängliche Kondition besitzen, und auch nur für die einfache Strecke.

Heutzutage könnten wir den Rückweg bequem mit einer der drei Zugspitzbahnen antreten, aber in den Genuss dieses Vorzugs kamen die Erstbesteiger noch nicht. Im Auftrag des Königlich Bairischen Topographischen Bureaus, das einen Atlas von Bayern herauszugeben plante, machten sich Ende August 1820 der Leutnant Josef Naus und der Bergführer Johann Georg Tauschl zusammen mit dem Gehilfen Maier – sein Vorname geriet in Vergessenheit – auf den Weg nach oben. Sie übernachteten unterwegs in einer Sennhütte, starteten von dort um vier Uhr früh und erreichten den Gipfel gegen Mittag. Ein aufziehendes Gewitter und damit einsetzender Schneefall verleideten ihnen die grandiose Aussicht, sodass sie nur einen Bergstock und ein Tuch als Beweis zurückließen und sich schnellstmöglich wieder an den Abstieg machten.

Dies stellte den ersten dokumentierten Gipfelsturm dar. Doch vermutlich hat es schon früher andere auf die markante Bergspitze gezogen, nur machten sie kein weiteres Gewese darum. Zum einen galt es noch nicht als modern, sich mit Bergbezwingungen zu brüsten, zum anderen trieben sich viele Schmuggler in der Gipfelregion herum, die die verschwiegenen Wege über das Zugspitzmassiv für ihre Zwecke nutzten. Darüber verloren sie in der Öffentlichkeit natürlich lieber kein Wort. Auch Jäger und Hirten mögen bis in die Gipfelregion vorgedrungen sein, doch interessierte sich einfach niemand dafür.

Das änderte sich nach der offiziellen Erstbesteigung sehr schnell. Den beiden Alpinisten, die den Gipfel als Zweite erklommen, schenkte niemand Glauben, deshalb wiederholten sie die Klettertour und entzündeten zum Beweis ein Feuer auf dem Gipfel.

Der Nächste hisste dort oben eine bayerische Flagge, die vom Tal aus gesehen werden konnte. Im Jahr 1851 wurde schließlich auf Veranlassung eines Pfarrers ein Gipfelkreuz errichtet. Der Mann hatte unten im Tal gestanden und sich darüber geärgert, dass der stolze Bayerngipfel schmucklos in die Höhe ragte.

All das missfiel wiederum den Österreichern, und bereits 1827 machten sich auch auf deren Seite Bergsteiger auf den Weg zum Gipfel. Denn geteilte Freude ist doppelte Freude: Die Grenze zwischen Deutschland und Österreich verläuft genau über den Gipfel der Zugspitze, der westliche Teil des Bergs ist österreichisch. Da können wir froh sein, dass zumindest die Gipfelspitze noch so gerade eben auf bayerischem Territorium liegt.

So begann das Interesse an der Zugspitzbesteigung kontinuierlich zu wachsen. Entlang der drei Routen, die zum Gipfel führen, entstanden zahlreiche Berghütten, die den Alpinisten Unterschlupf gewährten. Und schon 1883 errichtete die Alpenvereinssektion München eine Hütte knapp unterhalb des Gipfels, das Münchner Haus. Zwölf Leute konnten hier übernachten, doch schon schnell stieß diese Kapazität an ihre Grenzen. So begann 1896 der Ausbau der Herberge, die durch ein 21 Kilometer langes Telefonkabel mit dem Tal verbunden wurde und einen 5,5 Kilometer (!) langen Blitzableiter besaß. Die Erweiterungen konnten 1914 abgeschlossen werden, seitdem bietet das Münchner Haus Platz für 30 Übernachtungsgäste. Immerhin rund 2.000 Personen nehmen das Angebot jährlich in Anspruch, hinzu kommen ungezählte Tagestouristen, die sich dort oben beköstigen lassen.

Die kämen natürlich nicht, wenn sie alle erst den beschwerlichen Aufstieg hinter sich bringen müssten. Die Tiroler übernahmen die Vorreiterrolle und beschlossen 1923, eine Seilbahn bis zum Gipfel zu bauen. Zwar hatten die Bayern schon ein Vierteljahrhundert zuvor darüber nachgedacht, eine Zahnradbahn so weit wie möglich nach oben zu führen, denn in der Schweiz wurden ähnliche Projekte bereits realisiert. Doch Prinzregent Luitpold von Bayern sah keinerlei Marktbedürfnis für ein solches Verkehrsmittel und schmetterte das Ansinnen ab. Ähnlich erging es um 1910 herum dem Plan, vom Eibsee aus eine Seilbahn nach oben zu leiten. Die erforderlichen Finanzmittel wurden nicht bereitgestellt.

So geriet es zur Pionierleistung der Österreicher, als deren Seilbahn im Juli 1926 erstmals bis knapp unter den Gipfel hinaufgondelte. Zum höchsten Punkt fehlten nur 157 Meter, die allerdings mit den damaligen Mitteln nicht so leicht überbrückt werden konnten. Um weiterzukommen, musste ein 700 Meter langer Tunnel durch den Felsen getrieben werden. Erst seit 1964 besteht die direkte Verbindung über eine Gipfelseilbahn.

Inzwischen hatten aber auch die Deutschen die Marktlücke längst erkannt und sich 1928 doch noch zum Bau einer Zahnradbahn durchgerungen. Werbewirksam sollte sie rechtzeitig zu den nur alle zehn Jahre stattfindenden Oberammergauer Passionsspielen fertigwerden, also bis zum Sommer 1930. Um diesen Kraftakt zu schultern, musste zeitgleich von oben und von unten gesprengt und gebohrt werden. Und tatsächlich gelang auf diese Art der Tunneldurchbruch schon im Februar 1930, die Bahn nahm am 8. Juli des Jahres ihren Betrieb auf. Zehn Arbeiter kostete dieses ehrgeizige Projekt das Leben.

Die Bahn endet in 2.656 Metern Höhe, dort wurde mit dem Schneefernerhaus dem Felsen ein Bahnhof abgerungen. Schon ein Jahr später avancierte er zu einem Hotel, das bis 1992 in Betrieb blieb. Um bequem bis zum Gipfel weiterfahren zu können, wurde ab Bahnhof Schneefernerhaus eine Gipfelbahn konstruiert. Die ging schon im Januar 1931 in Betrieb, wegen des steigenden Besucheransturms wurde sie 1977 zur Großkabinenbahn ausgebaut.

1962 kam die Eibseeseilbahn hinzu, für all diejenigen, die lieber sehenden Auges dem Gipfel entgegenschweben, als durch eine Tunnelröhre zu fahren. An nur zwei Stützen hängend überwand sie beachtliche 2.000 Höhenmeter. Doch weil sie dem sommerlichen Besucheransturm kaum noch standhielt, wurde 2017 eine spektakuläre neue Bahn fertiggestellt, die sogar mit nur einem einzigen 127 Meter hohen Stützpfeiler auskommt.

Schon um die vorletzte Jahrhundertwende entstand am Münchner Haus eine Wetterstation. Seitdem gibt es fast lückenlose Aufzeichnungen des Zugspitzwetters. Heute halten sich dort neben dem Deutschen Wetterdienst auch diverse Wissenschaftler auf, die sich mit der Klimaforschung auseinandersetzen. Außerdem wird auf der Zugspitze eine große Sendeanlage betrieben.

Schon seit 1949 nutzen Skifahrer das unterhalb des Gipfels liegende Zugspitzplatt. Von der Zugspitz-Gipfelstation bringt eine Großkabinenbahn Sportlerinnen und Sportler zur Sonn Alpin Station, wo es mit fünf Skiliften weitergeht. 13 mittelschwere Pisten und ein Pistenverbund mit leichten

Anforderungen erwarten sie dort, die längste Piste führt auf einer Strecke von knapp drei Kilometern über 500 Höhenmeter talabwärts.

Das Gipfelkreuz von 1851 überdauerte 31 Jahre, währenddessen fügten Blitze und Unwetter ihm beträchtliche Schäden zu. 1882 musste es erneuert werden. Dieses Mal wurde das Kreuz an der besser geschützten Ostspitze des Gipfels errichtet, obwohl diese ein bisschen niedriger ist. Aber dafür hielt es ganze 111 Jahre, bis die Witterung ihm allzu sehr zugesetzt hatte. 1993 wurde eine originalgetreue Nachbildung mit dem Hubschrauber auf den Gipfel gebracht, die 16 Jahre später renoviert wurde. Während des Baus der neuen Eibseebahn erlitt der Strahlenkranz des Kreuzes Schäden, es wurde 2017 abmontiert und im Tal repariert. 2019 fiel den heftigen Böen eines Sturms erneut ein Stück des Strahlenkranzes zum Opfer. Am Zugspitzgipfel herrschen nun einmal extreme Wetterbedingungen.

Wie es sich für den höchsten Punkt des Landes geziemt, ist das Kreuz vergoldet. Und damit sich muslimische Gäste in ihren religiösen Gefühlen nicht zurückgesetzt fühlen, erwartet sie seit 2012 ein islamisches Gebetshaus in Gipfelnähe. Schließlich ist ja jeder Gläubige dort oben seinem Gott ein bisschen näher.

Mit drei »Fernern« – dem Höllentalferner, dem Südlichen sowie dem Nördlichen Schneeferner – kann die Zugspitze mit drei der insgesamt fünf deutschen Gletscher aufwarten. Bedingt durch den Klimawandel schrumpft deren Ausdehnung allerdings zusehends.

In den Lüften über dem Gipfel kreisen Alpendohlen, angezogen von den zahlreichen Besuchern der Gipfelplattform, die die Vögel gerne füttern. Außerdem leben an den Hängen der Zugspitze Steinadler, Schneehühner und Felsenschwalben,

Murmeltiere, Schneehasen und Gämsen. Dazu gesellen sich Rotwild, Wiesel, Auerhähne und Birkhühner, schwarze Alpensalamander, Bergeidechsen und zahlreiche seltene Schmetterlingsarten. Pflanzenfreunde freuen sich über Waldmeister, Eisenhut, Bergminze, Schwarze Akelei, Frauenschuh, Alpenveilchen, wilde Himbeeren und vieles mehr. Und natürlich blühen hier auch die alpinen Stars Edelweiß und Enzian.

Bleibt noch der Name des stolzen Berges. Heißt die Zugspitze etwa Zugspitze, weil mit der Zahnradbahn ein Zug auf sie hinauffährt? Wohl kaum. Denn diesen Namen trägt Bayerns Krone schon seit dem 17. Jahrhundert, zuvor hieß sie weniger klangvoll einfach nur »Scharte«. Damit wurde auf einen tiefen Felseinschnitt unterhalb des Gipfels angespielt. Mit »Zug« waren vermutlich die Bahnen gemeint, entlang derer Lawinen über die Seiten des Berges hinabbrechen. Diese Zugbahnen charakterisieren die Hänge des Riesen.

Der ja, wie wir nun wissen, noch lange nicht ausgewachsen ist.

Leberknödel

Zutaten für 4 Personen

350 g Rinderleber
8 altbackene Brötchen
100 ml Milch
1 Schalotte
1 kl. Bund Petersilie

3 Eier
50 g Butter
Majoran
Salz
Pfeffer

Zubereitung

Die Brötchen in sehr dünne Scheiben schneiden und in eine Schüssel legen. Die Milch lauwarm erhitzen und anschließend die Brötchenscheiben damit übergießen. Salzen und 1 Stunde lang ziehen lassen.

Die abgezupften Petersilienblättchen und die geschälte Schalotte sehr fein hacken. Danach die Butter in einer Pfanne zerlassen, Petersilie sowie Schalotten darin anrösten und wieder abkühlen lassen. Die Rinderleber durch den Fleischwolf drehen.

Nun die Leber, die Eier sowie Petersilie und Schalotten zu den Brötchen geben, mit Majoran und Pfeffer würzen und alles kräftig durchkneten. Mit den Händen daraus kleine Knödel formen. 3 l Salzwasser zum Sieden bringen, die Hitze reduzieren und die Knödel hineingleiten lassen. Bei schwacher Hitze 20 Minuten simmern lassen, wenn sie fertig sind, steigen sie nach oben.

Aus der Masse können nach Belieben auch Leberspätzle geformt werden, damit genauso weiterverfahren.

Serviert werden die Knödel oder Spätzle in Fleischbrühe, zum Beispiel dem übriggebliebenen Sud aus dem letzten Rezept.

Sie mögen keine Leberknödel? Dann bereiten Sie doch einfach Grießnockerl zu!

Grießnockerl

Zutaten für 4 Personen
100 g Weizengrieß
1 Ei
50 g weiche Butter
Salz

Zubereitung
Die Butter in einer Schüssel mit dem Ei schaumig rühren, salzen und gut mit dem Grieß vermengen. 45 Minuten lang abgedeckt stehenlassen.

2 l Salzwasser aufkochen, dann die Hitze reduzieren, aus dem Teig mit einem Esslöffel Nockerl abstechen und in das Wasser hineingleiten lassen. 15 Minuten lang im offenen Topf simmern lassen, danach den Herd ausschalten, den Topf mit dem Deckel abdecken und die Nockerl weitere 15 Minuten ziehen lassen.

Mit dem Schaumlöffel herausnehmen und in Fleischbrühe oder Gemüsesuppe geben.

Dichter, Räuber und ein Wasserschloss – das Wirtshaus im Spessart

Begeben wir uns nun auf eine kleine Zeitreise in die Fünfzigerjahre des letzten Jahrhunderts. Schreckliche Zeiten lagen hinter den Menschen, und die Wiederauferstehung aus den Trümmern war noch lange nicht abgeschlossen.

Vor allem lastete die grauenhafte Schuld unbewältigt auf den Schultern der Deutschen. Es wäre den meisten am liebsten gewesen, wenn alles wieder so hätte sein können wie in der »guten alten Zeit«. Wenn einfach ein paar Jahrzehnte ausgelöscht wären und sie da weitermachen könnten, wo die Welt noch in Ordnung war. Wobei es eine reale Zeit, in der die Welt so richtig in Ordnung gewesen wäre, auch in der kriegsgeplagten Vergangenheit vor den beiden Weltkriegen nie wirklich gab. Bei diesen Vorstellungen handelte es sich um nichts als eine wolkige Fantasiewelt, eine Art romantisches Märchen.

Einst lebte ein Schriftsteller im Zeitalter der Romantik. Einer Epoche, in der die Träume von heiler Welt und magisch schöner Natur auf die Spitze getrieben wurden, ohne die geringste Befürchtung, ins allzu Kitschige abzudriften. Diese dichterische Freiheit wusste unser Schriftsteller wohl zu nutzen. Sein Name lautete Wilhelm Hauff, und er galt als führender Kopf der Schwäbischen Dichterschule, einem Zusammenschluss mehrerer Gesinnungsgenossen. Wilhelm Hauff verstand es wie kaum ein anderer, poetische Saat in die Herzen der Menschen zu säen und daraus herrliche Gespinste erwachsen zu lassen. Seine Geschichten verströmen eine wohlige Behaglichkeit. Tatsächlich stelle ich mir Wilhelm Hauff immer als einen gemütlichen Großvater mit weißem Bart vor, der im Lehnstuhl am Kaminfeuer sitzt und lange Winterabende mit seinen Märchen verzaubert. Dabei ist der arme Kerl in Wirklichkeit nur knappe 25 Jahre alt geworden. Er hatte gerade geheiratet und war erst vor acht Tagen Vater einer Tochter geworden, als ihn 1827 eine Typhusinfektion dahinraffte. Doch das nur am Rande.

Wilhelm Hauff begab sich oft auf Reisen, um Bilder und Eindrücke für seine Geschichten zu sammeln. So verschlug es ihn eines Tages in den Spessart, und hier übernachtete er in einer einsamen Poststation, wo auch die Pferde gewechselt wurden. Der tiefe Wald, der sich schier endlos über die Hügel des Spessarts zog, beflügelte schon unterwegs Hauffs Fantasie, nun tat das verwunschene Gasthaus ein Übriges dazu.

So entstand »Das Wirtshaus im Spessart«, eine Sammlung von Märchen, die in eine hochromantische Rahmenhandlung eingebettet ist. Dabei geht es um verwegene Räuber, treuherzige Handwerksburschen und eine schöne Gräfin. Die Geschichte spielt mit wohligem Erschaudern und sanftem Nervenkitzel. Doch vor allem sind die handelnden Personen im Grunde ihres Herzens allesamt hochanständig. Die jungen Männer sind dazu bereit, sich zum Wohle der Gräfin aufzuopfern. Der Räuberhauptmann ist zudem ungeachtet seiner kriminellen Laufbahn eigentlich ein tugendhafter Kerl, der gar nichts Übles will. Und nachdem zwischendurch so famose Geschichten wie »Das kalte Herz« erzählt wurden, wendet sich schließlich auch alles zum Wohlgefallen.

Da ist sie also, die heile Welt, nach der sich das Publikum in den Fünfzigerjahren so händeringend sehnte. Verständlich, dass die Geschichte damals die Aufmerksamkeit der deutschen Filmschaffenden auf sich zog. Sie nahmen von Hauffs Geschichte, was sie brauchen konnten, und kreierten daraus eine romantische Komödie. Das i-Tüpfelchen erhielt diese durch eine anrührende Liebesgeschichte, und selbstredend gab es für alle Beteiligten ein Happy End. Die Rollen wurden mit Publikumslieblingen wie der possierlich-naiven Lieselotte Pulver besetzt, die schon mit Filmen wie »Ich denke oft an Piroschka« die Herzen der Deutschen erobern konnte. Als Drehort diente die nachgestellte Wildnis des finsteren Waldes, geschickt wurde außerdem ein malerisches Wasserschloss in Szene gesetzt: Schloss Mespelbrunn im Spessart.

Seitdem ist das hübsche kleine Renaissanceschlösschen bundesweit bekannt und zieht jährlich fast 100.000 Besucher an. Es passt aufgrund seiner Geschichte recht gut in die märchenhafte Wirtshaus-Komposition, denn ursprünglich fungierte es als einfaches Forsthaus im wilden, kaum durchdringbaren Spessart. Und tatsächlich gab es dort Räuberbanden, die den Förstersleuten das Leben schwer machten. So begannen diese damit, das Forsthaus zu sichern, bauten dicke Mauern, Türme und schließlich einen tiefen Wassergraben, in dem noch heute Karpfen schwimmen. Von Generation zu Generation erfuhr das Forsthaus immer aufwendigere Befestigungsmaßnahmen. Im 16. Jahrhundert wurde es schließlich auch verschönert, sodass es sich in ein respektables Jagdschlösschen verwandelte. Und so, wie die einfache Waldhütte zum Wasserschloss mutierte, stiegen auch die Förster mit Hilfe von Zeit und geeigneten Hochzeiten in den Adelsstand auf.

Die abgeschiedene Lage mitten im verwunschenen Spessart brachte einen erheblichen Vorteil mit sich: Alle Kriegswirren der Jahrhunderte überstand Schloss Mespelbrunn vollkommen unversehrt. So kommt es, dass sich Besucher noch heute daran erfreuen können. Und die Adelsfamilie nicht minder, denn das Schloss ist noch immer in deren Privatbesitz.

»Das Wirtshaus im Spessart« avancierte zu einem der größten Kinoerfolge der Fünfzigerjahre. Aufgrund dessen und weil zudem das hübsche Schloss aus diesem Film gar nicht wegzudenken ist, richteten die Mespelbrunner eine Freilichtbühne ein, in deren Hintergrund Schloss Mespelbrunn als großartige Kulisse dient. Und selbstverständlich wird hier auch regelmäßig »Das Wirtshaus im Spessart« aufgeführt.

Allerdings ist das fränkische Schlösschen natürlich nicht das Wirtshaus im Spessart. Auf den Spuren Wilhelm Hauffs haben sich schon so manche gefragt, ob das Wirtshaus überhaupt jemals in Wirklichkeit existierte. Es kursiert ein Gerücht, das Vorbild für die romantische Räuberspelunke habe einst bei der Spessartortschaft Rohrbrunn gelegen, sei aber dem Bau der Autobahn A3 zum Opfer gefallen. Bestenfalls könne die Autobahnraststätte »Spessart« als Nachfolgerin des Wirtshauses bezeichnet werden. Welch eine schnöde Ernüchterung. Kann es denn wirklich auf solch ein profanes Ende der Geschichte hinauslaufen?

Doch besagtes Wirtshaus bei Rohrbrunn diente schon seit 1820 nicht mehr als Postkutschenstation. Wilhelm Hauff übernachtete erst später im Spessart, vermutlich im selben Jahr, in dem er seine Geschichte niederschrieb, nämlich 1826. Deshalb hat er wohl im Gasthaus »Alte Post« in Mespelbrunn-Hessenthal Quartier genommen, das damals die Haltestelle in Rohrbrunn abgelöst hatte. Die »Alte Post« passt auch gut zu seiner Beschreibung des Wirtshauses als »langes, aber niedriges Haus«. Allerdings liegt sie heute an einer Durchgangsstraße. Ich habe sie mir einmal angeschaut, einen wildromantischen Eindruck machte sie nicht. Aber das mag zu Wilhelm Hauffs Zeiten noch ganz anders gewesen sein.

Fränkischer Karpfen

Zutaten für 4 Personen

1 Karpfen (ca. 2 kg küchenfertig)
250 g saure Sahne
3 Lauchzwiebeln
1 Zitrone
100 g Mehl
1 El scharfer Senf
1 kl. Bund Petersilie
Speiseöl
Salz, Pfeffer

Zubereitung

Die Zitrone auspressen. Die Lauchzwiebeln putzen und sehr klein schneiden, die Petersilienblättchen abzupfen und fein hacken, dann beides mit der sauren Sahne vermischen. Mit Salz, Pfeffer und einen Spritzer Zitronensaft abschmecken.

Den entgräteten Fisch waschen und anschließend trocken tupfen. Den restlichen Zitronensaft mit dem Senf vermengen und den Fisch rundum damit einstreichen. Salzen und pfeffern, danach im Mehl wälzen. In einer Pfanne reichlich Öl erhitzen und den Fisch hineingeben. Auf jeder Seite ca. 8-10 Minuten bei mittlerer Hitze braten, bis er goldbraun, aber noch saftig ist.

Mit der Sahnesauce servieren. Dazu passt Bayerischer Kartoffelsalat (Rezept siehe nächste Seite).

Bayerischer Kartoffelsalat

Zutaten für 4 Personen

800 g festk. Kartoffeln
¼ l Gemüsebrühe
150 g gewürfelter Speck
4 Gewürzgurken
1 Zwiebel
1 Apfel

1 Bund Schnittlauch
60 ml Essig
50 ml Speiseöl
1 Tl Senf
1 El Zucker
Salz, Pfeffer

Zubereitung

Die Kartoffeln waschen, mit der Schale in Salzwasser garen, anschließend pellen und in recht dünne Scheiben schneiden. Den Apfel entkernen, schälen und zusammen mit den Gewürzgurken und der geschälten Zwiebel fein würfeln. Den Schnittlauch in kleine Röllchen schneiden. Den Speck in einer Pfanne ohne Fett auslassen.

Die Gemüsebrühe in einem Topf aufkochen und Essig, Öl, Zucker, Senf, Pfeffer sowie Salz unterrühren. Kurz wallend kochen lassen.

Speck, Apfel, Gewürzgurken und Zwiebel mit den noch warmen Kartoffeln in eine Schüssel geben und mit der heißen Brühe übergießen. Gut vermischen, dann 1 Stunde lang ziehen lassen, dabei öfters umrühren.

Nach Ablauf der Zeit die Schnittlauchröllchen unterheben und den Kartoffelsalat zu dem Karpfen servieren.

Natürlich passt der bayerische Kartoffelsalat auch als Beilage zu anderen Gerichten, beispielsweise Brühwürstchen, Bratwurst, Schnitzel oder Leberkäse. Sie können ihn auch kurz vor dem Servieren noch einmal aufwärmen und warm genießen, dann sollten Sie aber den Schnittlauch erst ganz zum Schluss unterheben.

Watzmann, Watzmann, Schicksalsberg – sagenhafte Alpenwelt

Sagen und Märchen beflügeln seit jeher die menschliche Fantasie. Und da, wo die Natur besonders imposant ist, wo sie täglich ihre Schönheit offenbart, aber auch oftmals ihre Macht demonstriert, sind die uralten Legenden ganz besonders präsent. Denn das Magische und Unerklärliche, das der Natur innewohnt, inspiriert Erzähler, und von Generation zu Generation werden ihre Geschichten weitergereicht.

Es kann kaum erstaunen, dass gerade das Berchtesgadener Land über einen reichen Schatz an solchen Geschichten verfügt. Die kleine Gemeinde liegt in einem Talkessel, der nahezu vollständig von wahren Giganten eingeschlossen ist. Die Berchtesgadener Alpen mit Gipfeln wie Hochkönig, Hochkalter, Steinernem Meer, Hohem Göll und natürlich dem markanten Watzmannmassiv scharen sich um den Markt Berchtesgaden, um somit den dort lebenden Menschen die eigene Winzigkeit stets vor Augen zu halten. All diese Berge sind zwischen 2.500 und knappen 3.000 Metern hoch, während die Ortschaft aus 572 Metern Höhe über Normalnull respektvoll zu ihnen hinaufschaut.

Und Respekt verschaffen die Berge sich immer wieder aufs Neue, wenn der Neuschnee ihnen weiße Mützen aufsetzt oder die untergehende Sonne sie beim Alpenglühen rot aufleuchten lässt, wenn die Nebelschwaden um ihre Gipfel jagen oder gar ein heftiger Gewittersturm zwischen ihnen festhängt und die Blitze ins Tal hinabschleudert, während das Echo mächtigen Donnergrollens von den Felswänden widerhallt.

Deshalb ranken sich zahlreiche alte Sagen um diese Berge. Allen voran erzählt die Mär vom grausamen König Waze die Entstehungsgeschichte des Berchtesgadener Hausbergs. Dieser König muss ein rechtes Scheusal gewesen sein, dessen größtes Vergnügen darin bestand, das Wild in den Wäldern zu Tode zu hetzen und danach in einem grässlichen Blutbad von seinen Hunden zerfetzen zu lassen. Weil auch seine Frau und seine Kinder Gefallen an der brutalen Schlächterei fanden, liegt es auf der Hand, dass eine dermaßen moralisch verrohte Familie ihre Strafe verdiente. Als sie es immer schlimmer trieben, schließlich sogar vor unschuldigen Bauersleuten keinen Halt mehr machten und diese ebenfalls zerfleischen ließen, da traf sie endlich der göttliche Fluch und verwandelte sie in Stein. Und so schaut der Finsterling gemeinsam mit seiner bösen Frau – verwandelt zu den beiden höchsten Spitzen des Watzmanns – ins Tal hinab, gerahmt von sieben kleineren Gipfeln, die aus ihrem blutrünstigen Nachwuchs entstanden.

Nicht ganz so prägnant wirkt das, was aus der Gundel vom Heuberg wurde. Doch auch ihre Strafe erwies sich als nicht minder drakonisch. Sie war ein geiziges Weib und weigerte sich, einem armen alten Bettler etwas von ihrem frisch gebackenen Brot abzugeben. Stattdessen reichte sie ihm herzlos einen Stein. Das jedoch hätte sie besser unterlassen sollen, denn bei jenem Bettler handelte es sich um keinen anderen als um Gott selbst. Und der – nicht minder erbarmungslos – verwandelte Gundel und ihren Backofen in Stein.

Vom weiter westlich gelegenen Wendelstein heißt es, er sei mit Schatzhöhlen durchzogen und einst von Zwergen, den »Bergmandln«, bewohnt gewesen. Die zeigten sich als freundliche Gesellen und halfen den Menschen, ganz ähnlich wie die berühmten Heinzelmännchen zu Köln. Sie verrichteten des Nachts das liegengebliebene Tagewerk der Bauern und verteilten gelegentlich auch etwas von ihren kostbaren Schätzen an die Armen. Doch wie es so ist, erschienen eines Tages von Habgier getriebene Leute, lauerten den Bergmandln auf und wollten deren Schatzkammern ausrauben. Da gab es ein großes Getöse, die Schätze wurden zu Eisenerzklumpen und die Bergmandln nie mehr gesehen. Zumindest musste in diesem Fall kein lebendiger Mensch die Versteinerung über sich ergehen lassen, die Verwandlung der Schätze hingegen gab dem Berg seinen Namen »Wendelstein«.

Die nächste Geschichte weiß von einem Kaiser, der im Berchtesgadener Untersberg haust. Ob es sich dabei um Karl den Großen oder um Friedrich Barbarossa handelt, darüber streiten sich die Geister. Dass der alte Barbarossa irgendwo sitzt und seinen Bart durch einen steinernen Tisch wachsen lässt, während er darauf wartet, eines unbestimmten Tages zurückzukehren und die Welt zu retten, wird allerdings auch anderenorts erzählt, besonders am thüringischen Kyffhäuser. Aber wer weiß schon so genau, was ein Sagenkaiser im Schilde führt.

Auch der Teufel treibt sich zwischen den Gipfeln herum und führt unheimliche Wesen bei der »Wilden Jagd« über den Nachthimmel des Berchtesgadener Lands. Dem Teufelskopf des Reiter Alm genannten Tafelgebirges, das den Talkessel im Westen umschließt, hat er seinen Namen gegeben.

So viel Mystik und Geisterglaube wirkt ziemlich angsteinflößend. Kaum erstaunlich, dass die Menschen hier ein bisschen abergläubischer und vielfach ein bisschen religiöser als anderenorts sind. Sie hängen mit größerer Inbrunst an ihren alten Traditionen, die hier zudem deutlich geheimnisvoller und okkulter wirken als an weniger magischen Orten. Prägnantes Beispiel ist das Nikolausfest, zu dem in Stroh und Fell gehüllte »Buttnmandln« und »Kramperln« Angst und Schrecken verbreiten. Es ist eine archaische Mischung aus heidnischer Raserei, christlichem Ritual und allgemeiner Gaudi.

Da drängte es sich fast schon auf, dass all dies geballte Volkstum auch Parodisten auf den Plan rief. Eines Tages in den Siebzigerjahren taten sich drei junge Männer zusammen und schufen das Alpendrama »Der Watzmann ruft«. Es erzählt von tumben Bauersleuten, von der ewigen Heimsuchung durch den Berg, von männlichem Imponiergehabe und weiblicher Macht. Und der Berg fordert seine Opfer. Begleitet wird die dramatische Story von zahlreichen Songs, da heißt es zum Beispiel »Watzmann, Watzmann, Schicksalsberg«. Die Veralberung des klassischen Volkstheaters hat eine Erfolgsgeschichte geschrieben und kommt noch heute zur Aufführung, einmal sogar auf der Festspielbühne der Luisenburg. 2022 ging letztmalig die Originaltruppe auf Tour, doch das Deutsche Theater München präsentiert längst eine Neuinszenierung.

Berchtesgadener Bratäpfel

Zutaten für 4 Personen

4 Äpfel (z.B. Boskoop, nicht zu reif)
Saft von 1 Zitrone
250 ml Sahne
4 cl Enzian-Schnaps
2 Eigelb
100 g Aprikosenmarmelade
250 g Joghurt
20 g Zucker
2 El flüssiger Honig
Butter zum Einfetten

Zubereitung

Die Äpfel waschen, das Kerngehäuse herausstechen, das Innere mit Zitronensaft beträufeln und Marmelade hineinfüllen. Eine Auflaufform mit Butter einfetten und die Äpfel hineinsetzen. Den Backofen auf 220°C vorheizen und die Äpfel 30 Minuten lang darin backen.

Die Eidotter mithilfe des Schneebesens mit dem Honig kräftig verquirlen. Dann den Joghurt und den Enzian-Schnaps untermischen. Die Sahne mit dem Zucker steif schlagen und vorsichtig unter die Eidotter-Joghurt-Masse ziehen.

Die Äpfel auf Desserttellern anrichten, mit der Creme überziehen und sofort servieren.

Erfahren, was dahintersteckt – das Deutsche Museum

In meiner Kindheit habe ich mit meinen Eltern zum ersten Mal München besucht. Ich erinnere mich noch gut an den Biergarten, wo meine Eltern mit Freunden in heiterer Runde zusammensaßen. Das Beisammensein entwickelte sich tatsächlich immer heiterer, wofür mir jedwedes Verständnis abging. Von der stimmungsaufhellenden Wirkung, die dem Bier innewohnt, wusste ich damals noch nichts. Ich habe mich sehr gelangweilt und mich am Ende sogar für die Erwachsenen geschämt.

Die zweite Erinnerung an München blieb mir deutlich positiver im Gedächtnis: Wir gingen ins Deutsche Museum. Die Starkstromvorführung mit den extrem laut knallenden Spannungsentladungen und ihren grellen Blitzen hat mich am meisten fasziniert. Besonders der Museumsangestellte, der mit stoischer Miene den Faraday'schen Käfig bestieg und es willig ertrug, dass rings um ihn herum der Starkstrom Amok lief. Danach zog der Mann genauso ungerührt wieder ab. Für ihn reine Routine, für mich hingegen eine kolossale Demonstration physikalischer Kraft.

Elektrischer Strom gab auch den Anstoß zur Gründung des Deutschen Museums in München. Denn dessen Initiator Oskar von Miller, der sich damit einen Traum erfüllte, galt als Experte für Elektrizität. Als erstem Ingenieur gelang es ihm im Jahr 1882, während einer elektrotechnischen Ausstellung in München den Strom über eine Strecke von 60 Kilometern zu übertragen. Eine Sensation!

Zwei Jahre später baute er Deutschlands erstes Elektrizitätswerk, ebenfalls in München. All sein Wissen hatte er sich autodidaktisch angeeignet, denn offizielle Stellen nahmen ihn zunächst nicht ernst. Das spornte den Pionier erst recht an. Er konstruierte weitere Elektrizitätswerke, verhalf dem Wechselstrom zum Durchbruch und sorgte 1892 in Fürstenfeldbruck für eine der ersten elektrischen Straßenbeleuchtungen Bayerns. In Schwandorf zeichnete er 1895 für den ersten Großversuch im elektrischen Kochen verantwortlich, unterstützt von couragierten bayerischen Hausfrauen. Er veranlasste außerdem den Aufbau des gesamtbayerischen Stromversorgungsnetzes. Sein Wasserkraftwerk in Schöngeising ist bis heute in Betrieb.

Von Miller kann also als wahrer Gründervater gelten. Doch seine Technologiebegeisterung zog noch weitreichendere Folgen nach sich. Es lag ihm am Herzen, seinen Mitmenschen die Leistungen der modernen Technik zu veranschaulichen und die zugrundeliegenden naturwissenschaftlichen Gesetze zu erklären.

Schon seit der Renaissance wurden technische Errungenschaften gesammelt und der Öffentlichkeit in Ausstellungen vorgestellt. Zunächst handelte es sich noch um Panoptiken, die nichts anderes bezweckten, als die Besucher zu ehrfürchtigem Staunen zu bringen. Mit der Zeit entwickelten sich daraus industrietechnische Ausstellungen, die positive Auswirkungen des technischen Fortschritts auf das Alltags- und Berufsleben verdeutlichen sollten. Weltausstellungen präsentierten die jeweils neusten technischen Errungenschaften.

Doch von Miller schwebte noch etwas anderes vor. Er wollte ja nicht nur Technik zeigen, sondern dem Publikum möglichst anschaulich erklären, wie das Ganze funktioniert. Die Demonstration sollte Spaß machen und Wissenschaft zum Anfassen bieten. Eine Verbindung von Bildung mit Unterhaltung stellte seinerzeit eine vollkommen innovative Idee dar.

Weil von Miller große berufliche Erfolge verzeichnete, besaß er die nötigen Kontakte, um Unterstützung für sein ehrgeiziges Projekt zu finden. Prinzregent Luitpold von Bayern lehnte zwar eine Finanzierung des Baus einer Zahnradbahn auf die Zugspitze ab, erklärte sich aber dazu bereit, die Schirmherrschaft über das geplante Museum zu übernehmen. Im Zuge dessen floss auch ein hübsches Sümmchen von staatlichen Fördermitteln.

Führende Köpfe der Wissenschaft ließen sich durch von Millers Enthusiasmus anstecken. Der Quantenphysiker Max Planck, der Strahlenforscher Wilhelm Conrad Röntgen, der Flugzeugbauer Hugo Junkers und der AEG-Gründer Emil Rathenau halfen beim Aufbau der verschiedenen Abteilungen des Museums. Carl von Linde, Pionier der Kühltechnik, trat dem Museumsvorstand bei.

Im Jahr 1906 ging es endlich los. Kaiser Wilhelm II. legte persönlich den Grundstein auf der Münchener Museumsinsel. Das Baumaterial wurde größtenteils gespendet. In den kommenden Jahren halfen regelmäßige Veranstaltungen, neue Sponsoren zu akquirieren und die allgemeine Aufmerksamkeit auf das Museumsprojekt zu lenken. Endgültig fertig wurde der mächtige Komplex erst 1925, von Miller hatte inzwischen ein Alter von 70 Jahren erreicht. Das Museum entwickelte sich zu einem immensen Publikumserfolg und geriet zum Vorbild für ähnliche Projekte im Ausland, zum Beispiel die Technikmuseen in Stockholm und in Chicago.

Doch nicht alles entwickelte sich zu von Millers Wohlgefallen. Der Industriemagnat Paul Reusch, der sich auch politisch engagierte und die Etablierung eines autoritären Staates befürwortete, verehrte den früheren Reichskanzler Otto von Bismarck mit Begeisterung. Er betätigte sich aber auch im Vorstand des Deutschen Museums, und so schlug er eines Tages vor, eine Bismarckstatue in den Räumlichkeiten aufzustellen. Das wiederum missfiel von Miller. Nach seiner Ansicht hatte Bismarck nichts für den technischen Fortschritt getan und daher auch nichts in seinem Museum verloren. Außerdem repräsentierte Bismarck so etwas wie das Sinnbild des typischen Preußen, für die Bayern galt er deshalb nicht unbedingt als Sympathieträger.

Von Millers ablehnende Haltung verärgerte jedoch die NSDAP. Denn die Nationalsozialisten instrumentalisierten den »Eisernen Kanzler« als Wegbereiter des deutsch-nationalen Mythos für ihre eigenen Zwecke. Von Miller warfen sie mangelnden Patriotismus vor. Es kam zum Eklat. Zwar konnte von Miller durchsetzen, dass die Statue zumindest in den Außenbereich des Museums verbannt wurde. Doch die Nazis vergaßen seinen Protest nicht. Nach ihrer Machtergreifung musste er als Museumsleiter abdanken.

Gegen Ende des Zweiten Weltkriegs erlitt das Deutsche Museum bei mehreren Bombenangriffen starke Beschädigungen. Trotzdem wurde es bereits 1948 wiedereröffnet, danach ausgebaut und erweitert. Heute beherbergt es auf 55.000 Quadratmetern etwa 28.000 Exponate, zieht jährlich anderthalb Millionen Besucher an und wird inzwischen auch modernisiert. Seit 1995 existiert eine Zweigstelle in Bonn.

Die Münchener Ausstellung deckt mittlerweile ein enormes Themenspektrum ab. Sie schickt ihre Besucher auf Exkurse durch Astronomie und Chemie, durch Maschinenbau, Luft- und Raumfahrt, durch Physik und Elektrotechnik, Pharmazie, Brücken-, Berg- und Tunnelbau. Über DNA-Forschung,

Foto-, Film- sowie Textiltechnik, Musikinstrumente, Glas-, Keramik- und Papierherstellung geht es bis hin zu Kraftmaschinen, Schifffahrt, Zeitmessung und Umweltschutz. Es gibt wohl keinen Bereich moderner Technik, zu dem das Deutsche Museum nichts erzählt. Und wem das alles zu prosaisch wird, der lässt sich vom hauseigenen Planetarium auf eine fantastische Sternenreise entführen. Hauptsache, von Millers Leitmotiv wird eingehalten, ein Sinnspruch, der im Eingangsbereich des Museums verewigt ist: »In diesem Haus darf jeder machen, was ich will.«

Die kriegsbedingte Zerstörung seines Lebenswerks hat von Miller so wenig miterlebt wie den erfolgreichen Wiederaufbau in der Nachkriegszeit. Er starb 1934 im Alter von fast 79 Jahren in seinem geliebten Museum an den Folgen eines Herzanfalls.

Die Ausstellung zur Starkstromtechnik besteht seit 1953, und die Vorführungen in der Hochspannungsanlage gehören nach wie vor zu den Hauptattraktionen des Deutschen Museums. Der Innenraum des Faraday'schen Käfigs ist durch eine geschlossene Hülle aus leitfähigem Metall von der rund 270.000 Volt starken Stromspannung abgeschirmt. Deshalb verlässt ihn der Angestellte, der sich als Versuchskaninchen dort hineinsetzen muss, noch immer völlig unbeschadet.

Obatzda

Zutaten für 4 Personen

250 g reifer Camembert
1 kleine Zwiebel
30 ml Bier
25 g weiche Butter

Kümmel
Paprika
Pfeffer
Salz

Zubereitung

Die Zwiebel schälen und sehr fein würfeln. Den Camembert in Stücke schneiden, in einer Schüssel zerdrücken und mit der Butter, dem Bier und der Zwiebel vermischen. Kräftig mit Kümmel, Paprika, Salz und Pfeffer würzen.

Auf Bauernbrot oder mit Brezen genießen.

Selbstverwirklichung um jeden Preis – Ludwig II. und Richard Wagner

Zu unserem nächsten Thema sind unzählige Abhandlungen geschrieben worden, es gibt filmische Aufarbeitungen, Theaterstücke und vieles mehr. Die Geschichte ist aber auch zu schön: Ein exzentrischer König und ein selbstverliebter Komponist, Märchenschlösser und Pathos bis zum Abwinken: Das ist ganz große Oper.

Ludwig II. war ein Träumer. Er wünschte sich sehnlichst eine bessere Welt, mit edelmütigen Menschen und allgegenwärtiger Schönheit. Zu profan schien ihm das irdische Leben mit all seinen banalen Problemen. Hätte Ludwig heutzutage gelebt, wäre er zum Modemacher prädestiniert gewesen. Vielleicht auch zu einem zweiten Walt Disney oder einem anderen gefeierten Visionär. Er wäre zum Popstar aufgestiegen, und hätte seine eigene Epoche diesen Begriff schon gekannt, zudem mehr Verständnis für seine exaltierte Persönlichkeit gezeigt, dann wäre vielleicht alles ganz anders gekommen. Aber Ludwig II. passte nicht in seine von preußischem Pragmatismus geprägte Zeit, auch wenn er gar kein Preuße, sondern ein waschechter Bayer war.

Seine Illusion von Großartigkeit erwies sich deshalb als Seifenblase, die der nüchternen Realität nicht dauerhaft standhalten konnte. Zu seiner Märchenwelt gehörten natürlich die passenden Traumschlösser, deren Realisierung sich allerdings als Herkulesaufgabe erwies. Wenn Ludwig die Augen schloss und alles finster wurde, gab es jemanden, der die Traumschlösser allein mit Klängen heraufzubeschwören wusste: Richard Wagner. Keiner wagte es je zuvor, musikalische Übertreibungen so ungeniert einzusetzen wie er. Und dennoch schuf er dabei ein Klangepos, dessen Grandiosität geradezu überwältigend ist. Wagners Musik versetzte Ludwig in berauschtes Entzücken.

Deshalb begegnete der junge König dem Komponisten beim ersten Zusammentreffen mit unverhohlener Begeisterung. Ludwigs Vater war kürzlich gestorben, gerade hatte Ludwig, erst 18 Jahre alt, dessen Nachfolge als König angetreten. In diesem Alter stellt die Entdeckung der Musik einen ganz wesentlichen Teil der eigenen Identitätsfindung dar. Jugendliche aller Generationen haben ihre Gefühle in Musik wiederentdeckt, über die Lieder der Wandervögel bis zu Elvis Presley, über Beatles und Rolling Stones bis zu David Guetta, AC/DC und BTS. Und Ludwigs Kultmusik stammte von Richard Wagner.

Die beiden trafen sich im Mai 1864, und Wagner, ein weltgewandter Mann von 51 Jahren, mag dem schüchternen jungen Bürschlein mit einiger Skepsis gegenübergetreten sein. Er führte – ganz wie es sich für einen Opernfürsten gehört – ein Leben im Überfluss. Vernarrt in verschwenderischen Luxus, den die großen Erfolge seiner Opern ihm auch privat ermöglichten, ließ er auf den Schwingen orchestraler Klänge eine mystische Sagenwelt auf geradezu bombastische Weise lebendig werden. Die pathetischen Sphären seiner Märchenwelt beseelten Wagner mit dem Bestreben, deren Ideale auch in der realen Welt umzusetzen. Doch diese Versuche schlugen fehl. Nach Beteiligung an der Märzrevolution von 1848, die auf den Ideen der Französischen Revolution fußte, und einem

Aufstand in Dresden wurde er dort steckbrieflich gesucht. Seine Stellung als Dresdner Hofkapellmeister musste er aufgeben. Es folgten Jahre auf der Flucht, die ihn zwar zu einigen der schönsten Orte Europas führten, andererseits aber auch in den Bankrott. Als Wagner und Ludwig sich zum ersten Mal begegneten, stand Wagner am Abgrund.

So lauerte vielleicht ein eigennütziges Kalkül im Hintergrund, als Wagner sich äußerst angetan von dem jungen Regenten zeigte. Denn schnell erkannte der Meister, welche Begeisterung Ludwig seiner Musik entgegenbrachte. Darin sah Wagner seine große Chance, die er nur zu gern ergriff. Ludwig erklärte sich bereitwillig zu seinem Mäzen, besser konnte es für Wagner kaum kommen. Überschwänglich schrieb er Cosima, seiner späteren Frau, über jene erste Begegnung: »Er ist so schön und geistvoll, seelenvoll und herrlich, dass ich fürchte, sein Leben müsse wie ein flüchtiger Göttertraum in dieser gemeinen Welt zerrinnen«, und weiter: »Er will mir Alles geben, alle Noth soll von mir genommen sein, ich soll haben was ich brauche – nur bei ihm soll ich bleiben. Was sagen Sie dazu? Ist es nicht unerhört? Kann das anderes als ein Traum sein?«

So begann eine Beziehung, durch die Europas Kulturgeschichte nachhaltig geprägt werden sollte. Ludwig beglich mit einem Streich sämtliche Schulden Wagners, mietete seinem neuen Freund eine angemessene Villa in München und unterstützte nach Kräften dessen Pläne für ein Festspielhaus in Bayreuth. Frei von finanziellen Sorgen machte sich Wagner wieder ans Komponieren und vollendete in den folgenden Jahren den »Ring des Nibelungen«, »Tristan und Isolde« sowie »Parsifal«.

König Ludwig fantasierte sich derweil in die opulente Sagenwelt hinein, die Wagner mit seiner Musik heraufbeschwor. Von seiner Verlobten Sophie ließ Ludwig sich mit »Parsifal« anreden. Er träumte davon, sein ganzes Volk mithilfe der Musik in höhere, edlere Sphären aufsteigen zu lassen. Je stärker sich Ludwig in diese Traumwelt verstrickte, desto mehr wurde er von Wagner insgeheim belächelt. Doch geschickt inszenierte sich der Charismatiker als Berater und väterlicher Freund des menschenscheuen Monarchen und nahm maßgeblichen Einfluss auf die politischen Entscheidungen Ludwigs. An Wagners Seite entstand Ludwigs Selbstbild als ein absolutistischer Herrscher. Ganz im Stil des »Sonnenkönigs« Ludwigs XIV. schwebte ihm ein Leben in barocker Pracht vor, von allem Irdischen weit abgehoben.

Allerdings erregte die Selbstinszenierung der beiden Egomanen schnell das Missfallen der bayerischen Bevölkerung und insbesondere auch das der Regierung. Sie warf Ludwig Verschwendungssucht vor. Denn um all die Herrlichkeit zu finanzieren, häufte Ludwig ohne Bedenken eine Last von Millionenschulden an. Wagner setzte sich vorsichtshalber in die Schweiz ab.

Ludwig zeigte sich ob Wagners Verschwinden am Boden zerstört. Er folgte seinem Idol in die Schweiz, fest entschlossen, als König abzudanken, wenn er nur bei Wagner bleiben könnte. Doch diesem gelang es, ihm sein Vorhaben auszureden. Abgeschnitten von der Quelle seiner Macht und seines Reichtums wäre Ludwig natürlich auch keine Hilfe mehr gewesen.

Ludwig kehrte enttäuscht nach Bayern zurück. Als er gegen Wagners entschiedenen Willen die Ring-Opern »Rheingold« und »Walküre« in München uraufführen ließ, kam es zu ersten ernsteren Unstimmigkeiten zwischen den beiden. Denn Wagner beabsichtigte, seinen Ring nur als vollständiges Werk komplett mit allen vier Teilen auf die Bühne zu bringen. Das, so sein Plan, sollte auf dem Grünen Hügel in der Bayreuther Villa Wahnfried geschehen.

Der Bruch zwischen den beiden sollte nie mehr ganz heilen. Zwar rettete Ludwig den Bau des Festspielhauses in Bayreuth mit einer finanziellen Spritze, als Wagners Mittel und die gesammelten Spenden versiegten. Doch konnte er sich dazu erst nach längerem Zögern durchringen. Die Differenzen zwischen beiden vertieften sich, weil Ludwig nichts von Wagners ausgeprägtem Antisemitismus hielt und sich beharrlich gegen dessen ständige Überzeugungsversuche zur Wehr setzte.

Im August 1876 fanden die ersten Bayreuther Festspiele statt. Ludwig erschien zwar zur Generalprobe, doch befand er sich nicht unter den Gästen der Festspiele selbst. Stattdessen reiste Kaiser Wilhelm I. an.

Wagner galt nun endgültig als Star der Musikszene seiner Zeit. Er begab sich nach Sorrent und traf dort Friedrich Nietzsche, in London empfing ihn Königin Victoria. Doch gefiel es ihm in Italien wegen des Klimas deutlich besser, deshalb reiste er über Venedig, Siena und Neapel nach Ravello und schließlich Palermo, wo er den »Parsifal« vollendete. Dessen Ouvertüre ließ er 1882 vor Ludwig im Rahmen eines Privatkonzerts in München vortragen. Es sollte die letzte Begegnung der beiden sein. Wagner starb im darauffolgenden Winter in Venedig.

Dem unglückseligen Ludwig blieben selbst nur noch knappe dreieinhalb Jahre. Sein Verhalten entwickelte sich immer exzentrischer. Nach dem Besuch der Bayreuther Generalprobe im Sommer 1876 zog er sich zunehmend aus der Öffentlichkeit zurück. Er tauchte ab in die Einsamkeit von Berghütten und Schlössern, fantasierte sich immer tiefer in seine Traumwelten hinein. Schon seit 1869 befand sich sein Märchenschloss Neuschwanstein in Bau, Schloss Linderhof in Ettal hingegen, eine Art Versailles für die Westentasche, wurde 1878 fertiggestellt. Auf dem Schachen im Wettersteingebirge besaß Ludwig ein alpines Holzhaus, von außen schlicht, innen im orientalischen Stil herausgeputzt. Außerdem ließ er auf der Herreninsel im Chiemsee ein weiteres Prachtschloss errichten.

Nicht genug für König Ludwig II. Er plante noch einen chinesischen und einen byzantinischen Palast, allein, die Mittel fehlten. In seiner Kasse klaffte mittlerweile ein gigantisches Loch. Als schließlich der Staatsbankrott drohte, wusste die Regierung keinen anderen Rat und ließ Ludwig entmündigen. Kurz darauf, am 13. Juni 1886, ertrank er unter nie abschließend geklärten Umständen im Starnberger See und hinterließ damit viel Raum für die wildesten Spekulationen.

Darüber hinaus verblieben die drei von Ludwig konzipierten Königsschlösser Neuschwanstein, Linderhof und Herrenchiemsee, die heute Bayerns größte Publikumsmagneten sind. Ohne ihn gäbe es keine Bayreuther Festspiele, und ob Richard Wagner seine letzten Opern ohne Ludwigs Unterstützung vollendet hätte, darf zumindest bezweifelt werden.

Vermutlich war Ludwig ein unglücklicher Mensch, von diffusen Ängsten und von unterdrückter Homosexualität gequält. Vielleicht litt er wirklich an Persönlichkeitsveränderungen, die eine neurodegenerative Erkrankung verursachte. Und doch ist er auch als Glücksfall für die Kulturgeschichte zu werten. Eine Lichtgestalt, die bis heute nichts von ihrer Faszination verloren hat.

Runden wir dieses Kapitel mit einem der Lieblingsrezepte König Ludwigs ab!

Fasan im Speckmantel

Zutaten für 4 Personen

1 küchenfertiger Fasan
200 g magerer Speck in dünnen Scheiben
100 g Mett
12 Dörrpflaumen
500 ml Rotwein
50 ml Portwein
20 ml Essig
2 Zwiebeln
4 Frühlingszwiebeln
¼ Sellerie
4 Möhren
1 unbehandelte Zitrone
5 Lorbeerblätter
Speiseöl
Zimt, Muskatnuss, Salz, Pfeffer

Zubereitung

Die Hälfte der Dörrpflaumen entsteinen und klein hacken. Die Zitrone waschen, trocken tupfen und den gelben Anteil der Schale abreiben. Beides zusammen mit dem Mett in eine Schüssel geben, mit Zimt, Pfeffer sowie Muskat würzen und gut vermischen.

Den Fasan waschen, trocken tupfen und innen sowie außen mit Salz und Pfeffer würzen. Dann die Mettmasse hineinfüllen und die Öffnung zunähen. Anschließend den gesamten Fasan mit den Speckscheiben einwickeln und das Ganze mit Küchengarn fixieren.

Die Zwiebeln schälen und würfeln. In einem Bräter etwas Öl erhitzen und die Zwiebeln mit den Lorbeerblättern darin anschwitzen. Nun den Fasan hinzugeben und rundum gut anbraten. Mit dem Rotwein und dem Essig ablöschen, mit etwas Zimt würzen. Den Bräter mit dem Deckel verschließen und den Fasan bei geringer Hitze 1 Stunde schmoren lassen.

Sellerie, Möhren und Frühlingszwiebeln putzen und in kleine Stücke schneiden. In einem Topf etwas Öl erhitzen und das Gemüse darin gut anbraten. Die restlichen Dörrpflaumen entsteinen und grob zerhacken.

Nach Ende der Schmorzeit den Fasan aus dem Bräter nehmen und nach Entfernen des Küchengarns warm stellen. Den Bratfond aufkochen, das Gemüse, die Dörrpflaumen und den Portwein dazugeben, mit Salz und Pfeffer abschmecken. 10 Minuten kochen lassen. Dann den Fasan im Speck tranchieren. Zusammen mit der Füllung auf einer Platte anrichten und mit der Sauce servieren.

Dazu passen Kartoffelklöße.

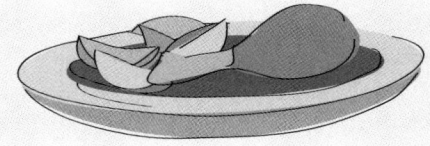

Wildes Grenzland – der Bayerische Wald

Nach Süden hin genoss das Land der alten Bajuwaren guten Schutz, denn dort befanden sich die Alpen. Doch auch im Nordosten besaß ihre Heimat eine natürliche Grenze. Hier gab es einen tiefen Wald, der sich schier endlos über die Höhenrücken erstreckte. Die Bajuwaren nannten ihn schlicht und pragmatisch bloß »Nordwald«. Ein Urwald, dicht und undurchdringlich. Tatsächlich kannten sogar schon die alten Griechen dieses menschenleere Meer aus Bäumen.

Doch hinter dem Wald eröffnete sich ein anderes Land, das Reich der Böhmen. Und als deren Bedeutung im Lauf des Mittelalters zu wachsen begann, zog das Auswirkungen auf den Nordwald nach sich. Bis zum Ende der Epoche änderte er nämlich seinen Namen und hieß von nun an Böhmerwald.

In diesen Jahrhunderten begannen die Menschen auch allmählich, in das Dickicht vorzudringen. An den Ufern der Donau entstanden Klöster, deren Bewohner das angrenzende Waldgebiet nach und nach urbar machten. Sie rangen ihm einen Handelsweg ab, den »Goldenen Steig«, der Böhmen und die bayerische Donauregion verband. Über diesen Weg erfolgte der Transport des wertvollen Salzes aus dem Berchtesgadener Land in Richtung Böhmen. Zunächst handelte es sich nur um einen unwegsamen Saumpfad, über den die Waren mit Packtieren befördert wurden. Der Pfad war nämlich zu schmal, als dass man ihn mit Gespannen hätte befahren können. Für die Aufgabe gab es eigens einen Berufsstand, den Säumer. Jahrhundertelang beförderten diese Leute mithilfe ihrer Packpferde, Maultiere und Ochsen Waren im Auftrag der Kaufleute, sie stellten so etwas wie die Spediteure des Mittelalters dar. Dank ihrer regen Tätigkeit entwickelte sich der Goldene Steig bis zum 16. Jahrhundert zum wichtigsten Handelsweg Süddeutschlands. So kam allmählich menschliches Leben in den großen Wald.

Erst durch politische Neuordnungen im 19. Jahrhundert fiel ein Großteil des Waldes an Bayern. Damit änderte sich auch sein Name, aus dem Böhmerwald wurde der Bayerische Wald. Wobei diese Bezeichnung nur für den Teil des Waldes gilt, der auf bayerischem Boden liegt. Die Region jenseits der tschechischen Grenze heißt weiterhin Böhmerwald. Die Unterscheidung ist allein menschengemacht, denn einen geomorphologischen Unterschied zwischen beiden Gebieten gibt es nicht. Es handelt sich um einen einzigen Mittelgebirgsrücken.

Dieses Gebirge ist im Gegensatz zu den Alpen schon uralt. Tatsächlich handelt es sich um die Überbleibsel eines früheren Hochgebirges, die ihre Fortsetzung im heutigen Fichtelgebirge, im Erzgebirge und im Oberpfälzer Wald finden. Das Gebirgsmassiv bestand aus Sedimentgesteinen, die von in der Erdkruste wirkenden Kräften aufgetürmt wurden, außerdem aus magmatischem Gestein, denn es entstand in einem Zeitalter mit hoher vulkanischer Aktivität. Im Lauf vieler Jahrmillionen wurde sein Gestein größtenteils in Gneis umgewandelt, und die Erosion schleifte das Gebirge zu den sanften Höhenrücken ab, mit denen es sich heute präsentiert. Nicht zuletzt beteiligten sich auch die Gletscher der Eiszeiten an dieser Umwandlung.

Seiner Lage im Osten Bayerns verdankt das Waldgebiet eine klimatische Sonderstellung. Denn während die Alpen im Süden den Bayerischen Wald vor der milden mediterranen Luft des Mittelmeerraums abschirmen, sind alle übrigen Meere, die Europa umgeben, ziemlich weit entfernt. Deshalb liegt der Bayerische Wald an einem Scheidepunkt zwischen gemäßigtem Seeklima und kontinentalen Wetterverhältnissen, die von heftigen Temperaturunterschieden zwischen Sommer und Winter geprägt sind. So kann es vorkommen, dass die Wintertemperatur unter minus 30 Grad fällt. Dann erstarren Latschen und Fichten unter einer bis zu 50 Zentimeter dicken Eisschicht zu den sogenannten »Arbermännchen«. Die Sommer sind dagegen oft heiß und trocken. Verlässlich ist das allerdings nicht mehr, denn auch im Bayerischen Wald befindet sich das Klima wie überall auf der Welt im Umbruch. Außerdem ringen hier beide Klimazonen um den maßgeblichen Einfluss, sodass langfristige Wettervorhersagen schwierig sind. Schon eine alte Bauernregel aus dem Bayerischen Wald weiß, dass hier ein Dreivierteljahr Winter herrscht und ein Vierteljahr Kälte.

Es ist also eine raue Region, in der mit Landwirtschaft kein Reichtum zu gewinnen ist. Deshalb spezialisierten sich die Siedler, die sich entlang der alten Handelsroute niederließen, auf die Glasherstellung. Im 18. und 19. Jahrhundert blühte der Böhmerwald zur Glashochburg auf. Allen voran hat sich diese Kunst in Zwiesel etabliert, einer kleinen Stadt an der Grenze zu Tschechien. Im Mittelalter entwickelte sich der Ort zu einem wichtigen Umschlagplatz an der Handelsroute nach Böhmen. Zwar gründeten der Legende zufolge Goldwäscher diese Siedlung, doch erwiesen sich deren Funde wohl als nicht sehr ergiebig. Stattdessen entdeckten andere reiche Quarzvorkommen, zudem ein bisher unbekanntes Mineral aus Eisen, Mangan, Fluor, Phosphor und Sauerstoff. Zu Ehren des Fundorts erhielt es den Namen »Zwieselit«, doch es ließ sich lediglich als Schmuckstein nutzen. Ganz anders sah es mit dem Quarz aus. Hieraus konnte Glas hergestellt werden, und so stieg Zwiesel zum Zentrum der Glasherstellung auf. Glasgalerien und ein Museum tragen hier der alten Tradition Rechnung. Die ebenfalls nach der Stadt benannte Firma gehört mit Marken wie »Schott Zwiesel« noch heute zu den Marktführern unter den deutschen Kristallglasherstellern.

Doch das allein genügte nicht, um die Menschen in der strukturschwachen Region zu ernähren. So wurde der Tourismus als zusätzliche Einnahmequelle entdeckt. Natur gibt es schließlich genug, und im Winter werden Schneehöhen von bis zu drei Metern erreicht. Deshalb lassen sich im Sommer die Wanderer anlocken, im Winter hingegen die Skifahrer. Um die Schönheit der Landschaft zu bewahren, entstand schon 1970 ein Nationalpark, der erste seiner Art in ganz Deutschland.

So gibt es im Bayerischen Wald mancherorts noch Relikte eines echten Urwalds, unberührt von der ordnenden und kultivierenden Hand des Menschen. Entsprechend fanden hier manche Tierarten ein Refugium, die anderenorts keine Chance mehr besaßen. Dazu gehört das Auerhuhn, das in Deutschland vom Aussterben bedroht ist. Im Bayerischen Wald entstand ein Schutzkonzept, das ihm zumindest hier das Überleben sichert.

Im Wald tummeln sich Fledermäuse, Rotwild, Schlangen und Eidechsen, an den Gewässern leben Biber und Fischotter. Der Luchs, der vor 150 Jahren im Bayerischen Wald ausgerottet wurde, konnte auf der tschechischen Seite im Böhmerwald überleben. Seit den Neunzigerjahren kehrt er allmählich wieder in den Bayerischen Wald zurück. Ganz ähnlich erging es dem Wolf. Der letzte Wolf des Bayerischen Waldes wurde

1846 geschossen, doch inzwischen durchwandert auch der scheue Isegrim wieder die Tiefen des Waldes. Sogar Elche werden vereinzelt gesichtet.

Weil all diese Tiere aber selten in freier Wildbahn zu sehen sind, gibt es im Bayerischen Wald zahlreiche Gehege, in denen Besuchern die einheimischen Tierarten gezeigt werden. Einige dieser Anlagen züchten die Tiere auch gezielt, um sie später auszuwildern. Im Rahmen von Projekten werden Habichtskauz, Uhu und Auerhahn nach der Aufzucht freigelassen. Tiere aus den Freigehegen des Bayerischen Waldes werden sogar exportiert. Hier gezogene Luchse siedelten schon in den Harz über, Wisente in die Ukraine und ins Rothaargebirge, wo es seit 2013 Deutschlands einzige freilebende Wisentherde gibt. Haselhühner fanden eine neue Heimat im Thüringer Wald, Fischotter in den Niederlanden und Przewalski-Pferde in Kasachstan.

Im Bayerischen Wald fanden die ersten Auswilderungen von Wildkatzen in Deutschland statt. Diese leisen Jäger galten zu Beginn des 20. Jahrhunderts als fast ausgerottet, mittlerweile leben im Bayerischen Wald nach Schätzungen des BUND wieder an die 200 Exemplare. All diese Projekte werden streng überwacht und von Forschenden begleitet.

Verzichten muss auf deren aufmerksame Oberhoheit allerdings das Wolfsauslassen. Das hat auch mit Naturschutz nichts weiter zu tun, vielmehr handelt es sich um einen uralten Volksbrauch aus dem Bayerischen Wald. Ihre Ursprünge findet die Sitte in jener Zeit, als im dichten Wald noch zahlreiche Wölfe lebten. Die Hirten banden ihren Kühen Glocken um den Hals, denn deren Läuten hielt die Räuber fern. Außerdem knallten sie regelmäßig mit ihrer Peitsche, das knallende Geräusch verabscheuten die Raubtiere nicht minder. Trieben die Hirten nun gegen Ende des Herbstes ihr Vieh zurück in die Dörfer, so forderten sie den Lohn für ihre Dienste während der warmen Jahreszeit von den Bauern ein. Um der Forderung gebührend Nachdruck zu verleihen, banden sie sich selbst Glocken um und knallten mit ihren Peitschen.

In dieser Tradition trifft sich heute die Dorfjugend in vielen Orten des Bayerischen Waldes am Abend vor Sankt Martin und behängt sich mit Glocken. Im Wettstreit um den imposantesten Auftritt sind die Glocken im Lauf der Jahre immer größer geworden und haben inzwischen wahrhaft gigantische Ausmaße angenommen. Damit ziehen die jungen Leute von Haus zu Haus, sagen ihr Sprüchlein auf und kassieren das »Hirtengeld«. Spät am Abend wird der Erlös in der Dorfschänke in Bier und sonstige Alkoholika umgesetzt. Dann wird bis in die frühen Morgenstunden weitergelärmt, und eins ist gewiss: Kein Wolf wird sich in dieser Nacht blicken lassen.

Pichelsteiner Eintopf – ein Rezept aus dem Bayerischen Wald

Zutaten für 4 Personen

300 g Rindfleisch
300 g Schweinefleisch
300 g Lammfleisch
8 Kartoffeln
1 Weißkohl
4 Möhren
4 Petersilienwurzeln
2 Porreestangen
1 kl. Bund Blattpetersilie
Speiseöl
gemahlener Kümmel
Pfeffer, Salz

Zubereitung

Das Fleisch waschen und in mundgerechte Würfel schneiden. Die Kartoffeln schälen und in Scheiben schneiden. Den Weißkohl vierteln, den Strunk entfernen und den Kohl in dünne Streifen schneiden. Möhren und Petersilienwurzeln putzen und würfeln. Die Porreestangen putzen und in Scheiben schneiden.

In einem großen Topf einen guten Schuss Speiseöl stark erhitzen und das Fleisch darin rundum scharf anbraten. Dann die Hälfte des Fleischs herausnehmen und das Gemüse im Topf lagenweise über das Fleisch schichten, dabei das zuvor herausgenommene Fleisch dazwischenschichten. Kräftig mit Kümmel würzen, außerdem salzen und pfeffern. So viel Wasser aufgießen, bis alles gerade bedeckt ist. Aufkochen lassen, sodann die Hitze reduzieren und das Ganze 2 Stunden lang im verschlossenen Topf köcheln lassen, dabei auf keinen Fall umrühren.

Die Petersilienblättchen abzupfen, leicht zusammenrollen und in feine Streifen (Chiffonade) schneiden. Den fertigen

Eintopf auf Suppentellern anrichten und mit der Chiffonade bestreuen. Mit Bauernbrot servieren.

Dieses klassische Rezept stammt ursprünglich von einer Wirtin, die im niederbayerischen Grattersdorf in der zweiten Hälfte des 19. Jahrhunderts ein Gasthaus betrieb und das Gericht ihren Gästen servierte. Auf dem nahen Berg Büchelstein fand alljährlich ein Fest statt, und weil der Eintopf leicht zuzubereiten ist, wurde er dort unter freiem Himmel für die Teilnehmer gekocht. Im lokalen Dialekt spricht man das »ü« wie »i«, so kam es dann zum Namen »Pichelsteiner«.

Aber auch im nahegelegenen Städtchen Regen kannten die Einheimischen das Rezept und verspeisten den Eintopf seit 1874 traditionell immer am Montag nach dem Kirchweihfest. Dort gibt es noch heute das Pichelsteiner Fest.

Erstmals aufgeschrieben wurde das Rezept 1894. Und der Siegeszug des Pichelsteiner Eintopfs konnte nicht mehr aufgehalten werden, nachdem Bundeskanzler Ludwig Erhard ihn in einem Interview Anfang der Sechzigerjahre als seine Leibspeise bezeichnete. Eine Karriere, mit der der Pfälzer Saumagen nicht schritthalten konnte.

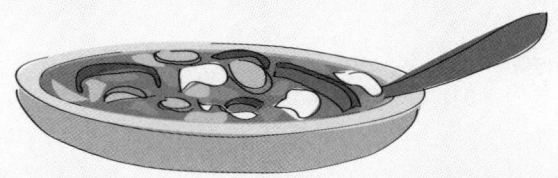

Vom Kochtopf zum Luxusauto – die Bayerischen Motoren Werke

Diese Geschichte beginnt nicht in Bayern. Denn ihr Anfang findet sich in einer Flugzeugmotorenfabrik im sächsischen Chemnitz. Die Schrauberwerkstatt hieß »Schneeweiß«, geriet aber durch die Insolvenz ihres Hauptabnehmers in finanzielle Probleme. Aufgrund ihrer innovativen technischen Kenntnisse übernahm sie daraufhin ein Berliner namens Philipp Dörhöfer. Und obwohl dieser Umstand den Mann zum eigentlichen Gründer eines heutigen Weltkonzerns machen sollte, geriet er weitgehend in Vergessenheit. Vielleicht liegt es daran, dass zwischen der Chemnitzer Manufaktur und den späteren Bayerischen Motoren Werken noch einige Wendungen lagen.

Dörhöfer besaß auch einen Betrieb in München, mit diesem fusionierte er seine Chemnitzer Firma und brachte so deren Know-how im Flugmotorenbau in die Isarmetropole. Das Unternehmen ging 1913 an Karl Rapp über, der es in »Rapp Motorenwerke« umbenannte und endlich 1917 in »Bayerische Motoren Werke« – BMW. Hergestellt wurde ein Flugzeugmotor, der ziemlich gut funktionierte. Doch leider gehörte zu den Auflagen der Siegermächte nach dem Ersten Weltkrieg ein striktes Produktionsverbot für solche Motoren in Deutschland, das fünf Jahre lang galt.

Das hätte das Ende für BMW bedeuten können. Doch der damalige Hauptaktionär verließ das junge Unternehmen, nahm dabei Namen und Konstruktionspläne mit, wechselte zu den Bayerischen Flugzeugwerken und ließ diese kurzerhand in BMW umbenennen. Die frühere Firma sattelte auf die Herstellung von Bremsen um.

Das Flugzeugwerk durfte natürlich auch keine Flugmotoren mehr bauen und konzentrierte sich deshalb auf Motoren für allerhand andere Dinge, unter anderem für Motorräder. Das gelang recht gut, und so begnügte sich das Unternehmen erst einmal mit der Herstellung von Motorrädern. Ab 1924 durfte es dann endlich auch wieder in den Bau von Flugmotoren einsteigen.

1928 übernahm BMW eine Fabrik in Eisenach und begann dort damit, Autos herzustellen. Hier entstanden in den Dreißigerjahren die ersten schicken BMW-Modelle, die bei Rennen wie den italienischen Mille Miglia brillierten und dem Unternehmen den Ruf eintrugen, begehrenswerte Sportwagen zu bauen.

Als die Nazis an die Macht kamen, setzte bei BMW eine große Blütezeit ein. Denn die geheimen Kriegspläne der Hitlerregierung verlangten große Investitionen in die Aufrüstung des Landes. Für die moderne Kriegsführung bedurfte es vieler Flugzeuge, und BMW galt für die Herstellung der Motoren als prädestiniert. Die Zahl der Beschäftigten wuchs zwischen 1933 und 1938 von etwas mehr als 8.000 auf 180.000 Menschen, und BMW startete durch als eines der florierendsten Unternehmen dieses Zweigs. Es wurde geschraubt und geschweißt, was das Zeug hielt. Außer Flugmotoren entstanden Unmengen von Motorrädern mit Beiwagen für die Wehrmacht, zeitgleich geländegängige Autos im Werk von Eisenach. Zur dunklen Vergangenheit von BMW gehört, dass das Unternehmen sich die Motorenfabrik eines jüdischen Fabrikanten einverleibte und während der Kriegsjahre zahllose Zwangsarbeiter beschäftigte.

Als kriegswichtige Betriebe stellten die Produktionsstätten natürlich auch Ziel der alliierten Luftangriffe dar. Am Ende des Krieges war das Münchner Stammwerk zerstört, die Automobilfabrik in Eisenach wurde von der sowjetischen Besatzungsmacht konfisziert. Hier gab es zumindest noch die nötigen Werkzeuge und die Baupläne der Vorkriegsmodelle, deshalb wurde die Produktion schon bald nach dem Krieg wieder aufgenommen. Die Autos hießen in alter Gewohnheit »BMW«.

Darüber aber ärgerte sich die Münchner Unternehmensleitung zutiefst. Der Name gehörte schließlich der Muttergesellschaft, und deshalb erzielte auch die 1951 gegen das Eisenacher Werk betriebene Klage Erfolg. Dort galt der Name BMW fortan als tabu, so benannte das Unternehmen sich in Eisenacher Motorenwerke (EMW) und schließlich in VEB Automobilwerk Eisenach um. Bis 1953 wurden dort noch BMW-Modelle der 30er- und 40er-Jahre unter der Bezeichnung EMW gebaut, dann Zweitaktautos, die einen völlig anderen Fahrzeugtyp auf DKW-Basis darstellten und 1955 den Namen »Wartburg« erhielten.

In München besaß allerdings niemand Erfahrung im Automobilbau. Deshalb wurden zunächst Kochtöpfe hergestellt, vielleicht, weil die ja auch irgendwie warm werden. Das brachte ein bisschen Geld in die leeren Kassen, befriedigend konnte es aber nicht sein. Schon 1948 kamen Motorräder hinzu, und 1952 gelang es endlich, das erste Auto auf den Markt zu bringen, einen edlen Luxuswagen mit Sechszylindermotor. Dank seines opulenten Designs erhielt er den Spitznamen »Barockengel«. Der nötige Aufwand trieb aber auch die Produktionskosten derart in die Höhe, dass BMW bei jedem Exemplar 4.000 D-Mark zusetzen musste, und das war damals eine beträchtliche Summe. Weil auch die Motorradverkäufe rückläufig waren, geriet BMW Ende der Fünfzigerjahre in finanzielle Schieflage. Daran konnte auch die pfiffige Isetta, die ab 1955 aus dem Werk rollte und ein Auto für jedermann sein sollte, nichts ändern.

Um die Geldmittel des Unternehmens war es schlecht bestellt. Die Deutsche Bank, Großaktionär und Kreditgeber, überlegte sich in dieser Situation, dass es wohl das Beste sei, den maroden Betrieb an die deutlich besser aufgestellte Daimler-Benz AG zu verkaufen. Die Kollegen in Sindelfingen mussten zwar auch schwere Kriegsverluste verkraften, doch verkauften sich ihre hochwertigen und vor allem schon früh nach Maßstäben der Sicherheit konzipierten Wagen deutlich besser als die der Münchner. Beinahe wären also die Bayerischen Motoren Werke in der Daimler-Benz AG aufgegangen und nie wäre es zu der prestigeträchtigen Konkurrenz der beiden Oberklasseautobauer gekommen. Welch einen Verlust das für Deutschland als werdende Autonation bedeutet hätte, erkannten schon damals sowohl die Belegschaft als auch die BMW-Händler und viele Kleinaktionäre. Sie taten sich zusammen, und gemeinsam gelang es ihnen, die Pläne der Deutschen Bank abzuwehren. Die Produktion konnte weitergehen. Um aber am Markt dauerhaft zu bestehen, musste ein Mittelklassewagen her, mit dem breite Bevölkerungsschichten bedient werden konnten. Allein, es fehlte das Geld, um solch ein Auto zu entwickeln.

In dieser Situation trat der hessische Industrielle Herbert Quandt auf den Plan. Mit einer Kapitalerhöhung übernahm er 60 Prozent der Aktien, verwies die Banken auf die hinteren Ränge und beschaffte zusätzlich noch ein Darlehen über 20 Millionen D-Mark. Dank dieses Aufschwungs rollte der BMW 1500 in die Sechzigerjahre, gefolgt vom 1600, vom 1800 und vom 2000. Die Reihe geriet zu einem Riesenerfolg, den die zweitürigen Null-Zwei-Typen wenige Jahre später abrunden konnten. Nun ging es endgültig aufwärts. In den nächsten Jahrzehnten stieg der Umsatz immer weiter, es entstanden neue Produktionsstandorte im In- und Ausland. BMW konnte sich endgültig fest am Markt etablieren.

Deshalb überstand das Unternehmen auch das Fiasko, das aus der Fehlentscheidung resultierte, 1994 die britische Rover Group zu übernehmen. Die zugehörigen Modelle Rover, Land Rover und MG musste BMW wieder abstoßen, weil mit ihnen nichts als hohe Verluste erzielt wurden. Lediglich der Mini verblieb im BMW-Konzern. Und seit Anfang des neuen Jahrtausends gehört auch Rolls Royce dazu. Zwar überbot damals Volkswagen die Münchner, aber denen war es zuvor mit einem cleveren Schachzug gelungen, sich die Markenrechte des Prestigeunternehmens zu sichern. Ohne diese besaß das Unternehmen für die Wolfsburger jedoch keinen Wert, deshalb verkauften sie an BMW.

Den Abgasskandal hat BMW leidlich überstanden, weil der Betrug nicht nachgewiesen werden konnte. Mit Elektrofahrzeugen sowie der Entwicklung von Wasserstoffautos sucht BMW den Anschluss an die neue Zeit. Und alle Fans können sich im Münchner BMW Museum umfassend über die technischen Entwicklungen des Unternehmens informieren. Es befindet sich in einem kreisrunden Gebäude, das der Volksmund salopp »Weißwurstschüssel« nennt, direkt nehmen dem markanten Vierzylinder-Hochhaus von 1973, Wahrzeichen und Sitz der Unternehmensverwaltung.

Bleibt noch das Firmenlogo, das eine Art stilisierten Propeller darstellt. Das legt den Verdacht nahe, dass es an die Geschichte des Unternehmens als Flugmotorenbauer erinnern soll. Tatsächlich lehnt sich das stilisierte viergeteilte Rund aber wohl nur an das alte Firmenlogo der Rapp Motorenwerke an. In seiner Mitte zeigt es die bayerischen Landesfarben. Ganz klar, damit wird auf den Firmensitz in Bayern hingewiesen. Aber warum ist Bayern eigentlich weiß-blau?

Apfelkrapfen mit Vanillecreme

Zutaten für 4 Personen

Für die Apfelkrapfen:
250 g Mehl
100 ml Milch
3 aromatische Äpfel
2 Eier
1 Eigelb
50 g Zucker
1 Pck. Vanillezucker
10 g Natron
50 g Rosinen
Salz, Puderzucker

reichlich Fett zum Frittieren
(neutral schmeckend)

Für die Vanillecreme:
300 ml Milch
200 ml Sahne
1 Vanilleschote
3 Eigelbe
70 g Zucker
40 g Speisestärke
1 Prise Salz

Zubereitung

Für die Vanillecreme die Speisestärke mit etwas Milch, dem Zucker, 1 Prise Salz und den 3 Eigelben in einer Tasse klümpchenfrei verquirlen. Die restliche Milch und die Sahne in einen Topf geben und erhitzen. Die Vanilleschote auskratzen, das Innere mit in den Topf geben und auch die Schote hineinlegen. Aufkochen, dann vom Herd nehmen und 30 Minuten lang ziehen lassen.

Anschließend die Vanilleschote herausnehmen und die Flüssigkeit langsam wieder erhitzen. Dabei die angerührte Stärke-Zucker-Eigelb-Mischung mit dem Schneebesen unterziehen. Aufkochen und unter ständigem Rühren 1 Minute lang sieden lassen. Danach vom Herd nehmen und in ein Kännchen füllen.

Für die Krapfen die Äpfel schälen, entkernen und sehr klein würfeln. Die Eier mit Eigelb, Zucker und Vanillezucker schaumig schlagen, anschließend Mehl, Natron, eine Prise

Salz und zum Schluss die zuvor abgespülten und abgetropften Rosinen untermischen. Den Teig 15 Minuten lang ruhen lassen.

In der Zwischenzeit Öl oder Fett in einem Topf bzw. in der Fritteuse auf 180°C erhitzen. Mit einem Esslöffel jeweils eine kleine Teigmenge entnehmen und in das siedende Fett gleiten lassen, dabei nicht mehr als 5 Krapfen gleichzeitig frittieren.

5 Minuten lang ausbacken, bis die Krapfen goldbraun sind. Mit dem Schaumlöffel herausnehmen und auf Küchenkrepp abtropfen lassen.

Noch warm mit reichlich Puderzucker bestäuben und zusammen mit der Vanillecreme servieren.

Von Streit, Macht und weiblicher List – die bayerischen Farben

Einst lebte in Bayern ein streitbares Geschlecht. Es handelte sich um die Grafen von Bogen, im 12. Jahrhundert verbreiteten sie im Land Angst und Schrecken. Das mag in ihren Genen verwurzelt gewesen sein, denn einer ihrer Vorfahren hieß »Adalbert der Charakterlose«. Gut denkbar, wie er zu diesem Titel kam.

Die Grafen von Bogen residierten auf dem Bogenberg bei Straubing. Dieser bescheidene Platz reichte ihnen aber bei weitem nicht aus. Ihr erklärtes Ziel stellte es dar, die Grenzen ihrer Grafschaft immer weiter auszudehnen. Dazu gehörten taktisch kluge Eheschließungen, und so heiratete Graf Adalbert III. von Bogen eines Tages die böhmische Herzogstochter Ludmilla. Das Mädchen zählte erst 14 Lenze, aber sie brachte einen Gutteil des Böhmerwalds mit in die Ehe ein.

Doch Adalbert wollte mehr und zettelte eine Fehde mit Ludwig dem Kehlheimer, Herzog von Bayern, an. Der holte sich Unterstützung, woraufhin Adalbert seinen böhmischen Schwiegervater zu Hilfe rief. Kaiser Heinrich VI. schritt schließlich ein und belegte den streitsüchtigen Adalbert mit einem Bann. Als er 1197 starb, nutzte seine Witwe Ludmilla die Gunst der Stunde und umgarnte seinen ehemaligen Widersacher Ludwig von Bayern. Der zeigte sich von der zierlichen Böhmin recht angetan, doch listig entlockte sie ihm ein Eheversprechen, bevor sie sich ihm hingab. Nicht dumm hatte sie zuvor drei ehrbare Ritter als Zeugen hinter den Vorhängen ihres Gemachs versteckt. Ludwig fügte sich, und es heißt, dass die beiden eine glückliche Ehe führten. Außerdem erwies sich Ludwig als guter Stiefvater für die drei Söhne aus Ludmillas Ehe mit dem Grafen von Bogen.

Der älteste von diesen trat das gräfliche Erbe an. Doch 1242 starb er, ohne Kinder zu hinterlassen. Sein Bruder Berthold war schon vor Jahren im Kampf gefallen, der andere, ein Geistlicher, ebenfalls bereits tot. Es gab also keinen Erben mehr für den von Bogenschen Grafentitel. Die Ländereien und alle Besitztümer der Grafen von Bogen fielen an Otto II., Herzog von Bayern, den gemeinsamen Sohn von Ludmilla und Ludwig. Damit erlangte dieser großen Reichtum und hohes Ansehen, was ihm den Beinamen »der Erlauchte« eintrug.

Und noch etwas anderes erbte Otto von seinem Stiefbruder: dessen ritterliches Wappen. Es galt damals als Sitte, dass die Schilde der Ritter mit den Farben ihrer jeweiligen Familie geschmückt wurden, sie stellten so eine Art Visitenkarte des Mittelalters dar. Wappen haben deshalb noch heute die Form eines Schildes. Natürlich mussten sie sich alle voneinander unterscheiden, und so wählten die Ritterfamilien jeweils ganz verschiedene Symbole, Muster und Farben. Die Grafen von Bogen hatten sich für ein silbern-blaues Rautenmuster entschieden. Das gefiel Otto, und so übernahm er es für sich und seine Familie. Dazu setzte er zwei goldene Löwen, denn ein Löwe diente schon zuvor als Bestandteil seines Wappens. Sein Vater hatte den Löwen von den Pfalzgrafen bei Rhein übernommen, als er 1214 deren Grafschaft an Ober- und Mittelrhein als Lehen erhielt.

Aus diesem Schild ging mit den Jahren das heutige Bayerische Staatswappen hervor. Franken brachte den weißen

Rechen auf rotem Grund ein, Schwaben drei übereinander angeordnete schwarze Löwen, die dem alten Wappen der Staufer entlehnt sind. Der blaue Panther stammt von Herzögen aus Niederbayern und symbolisiert die altbayerischen Regierungsbezirke. Hinzu gesellt sich der goldene Löwe des Herzogs Ludwig von Bayern.

Alle fünf Wappen – goldener Löwe, weiß-blaue Rauten, blauer Panther, schwarze Löwen und weiß-roter Rechen – wurden zu einem Schildwappen angeordnet. Obenauf kam eine Krone, die nach dem Wegfall des bayerischen Königtums die Volkssouveränität symbolisiert. Das Ganze wird von zwei weiteren Löwen gehalten, vermutlich, weil es so beeindruckend aussieht. Jedenfalls dienen sie schon seit dem 14. Jahrhundert als Wappenhalter.

Das ist das Landeswappen, aber natürlich wurde auch eine Landesflagge benötigt. Davon gibt es nun gleich zwei, eine mit Rautenmuster und eine einfach gestreifte. Beide sind weiß-blau, weil das Silber derer von Bogen sich so leichter darstellen lässt. Bayerns Herzöge hatten diese Farben ja für sich übernommen. Seit wann sie symbolisch für ganz Bayern stehen, ist nicht überliefert. Doch 1838 wurde der helle Blauton per Dekret festgeschrieben, und Ludwig II. bestimmte 1878, dass fortan die Flagge – für seine Verhältnisse ungewöhnlich schlicht – aus zwei horizontalten Streifen bestehen sollte, oben weiß, unten hellblau. Aber die Bayern hingen an ihrem Rautenmuster, und so kommt es, dass beide Flaggen parallel bestehen blieben.

Nach dem Krieg wurden die Landesfarben in die Verfassung von Bayern aufgenommen und beide Varianten der Flagge offiziell bestätigt. Durch ein Machtwort des Ministerpräsidenten Franz Josef Strauß besitzt Bayern außerdem seit 1980 eine landesweite Hymne: »Gott mit dir, du Land der Bayern«. In den Jahren davor gab es nämlich wegen verschiedener kursierender Textvarianten dieses Liedes heftigen Streit. Im Gegensatz zu anderen Regionalhymnen genießt die Bayernhymne strafrechtlichen Schutz und darf nicht verunglimpft werden.

Die Rautenflagge besteht aus 21 Rauten (angeschnittene zählen mit) und fängt auf jeden Fall in der rechten oberen Ecke mit einer weißen Raute an. Für Betrachter ist es zwar umgekehrt, aber die Vorschrift gilt vom Flaggenträger aus gesehen, genauer gesagt nach heraldischen Regeln. Deshalb heißen Bayerns Landesfarben auch weiß-blau und unter keinen Umständen etwa blau-weiß.

Alles klar?

Blaue Zipfel mit bayerischem Krautsalat

Zutaten für 4 Personen

8 kleine Bratwürste	4 Gewürznelken
150 ml Weißweinessig	4 Wacholderbeeren
5 Zwiebeln	12 Pfefferkörner
1 kleiner Weißkohl	2 Lorbeerblätter
125 g durchwachs. Speck	1 Tl Senf
125 ml Fleischbrühe	1 El Kümmel
70 ml Öl	Zucker, Salz, Pfeffer

Zubereitung

Den Kohl vierteln, Strunk und äußere Blätter entfernen. In feine Streifen hobeln, salzen und 30 Minuten ziehen lassen. Eine Zwiebel und den Speck würfeln, in einer Pfanne ohne Fett auslassen, mit 30 ml Essig und der Brühe ablöschen. Aufkochen und mit Kümmel, Senf, 40 ml Öl und Pfeffer vermischen. Zum Kohl geben und gut durchmischen. Zwei Stunden ziehen lassen.

1 l Wasser mit Lorbeerblättern, Pfeffer, Nelken, Wacholderbeeren, 1 Tl Zucker, Salz, 120 ml Essig und 30 ml Öl aufkochen. Die 4 Zwiebeln in Scheiben schneiden und hinzugeben. 5 Minuten kochen lassen. Dann die Hitze reduzieren, die Flüssigkeit soll nicht mehr sieden. Die Bratwürste hinzugeben und 15 Minuten ziehen lassen. Zum Schluss sind sie prall und haben eine bläuliche Farbe angenommen.

Die Zipfel mit etwas Sud und den Zwiebeln auf Tellern anrichten, mit Krautsalat und Brezen servieren.

Rettung durch Weinkrug und Käseglocke – Rothenburg ob der Tauber

Der Dreißigjährige Krieg war eine schreckliche Angelegenheit. Über drei Jahrzehnte hinweg mussten die Menschen jederzeit mit Überfällen rechnen, lebten in ständiger Rechtsunsicherheit und dauernder Gefahr für Leib, Leben und Besitz. Und das nur, weil keine Einigkeit bestand, in welcher Form an Gott geglaubt werden sollte. Aus dieser Frage entwickelte sich ein Streit um die Hegemonie. Letztlich ging es darum, wer am Ende die Zukunft Europas bestimmen würde.

Der Brabanter Johann t'Serclaes Graf von Tilly kämpfte auf Seiten des Kaisers für die Katholiken. Als Feldherr führte er die Truppen der katholischen Liga quer durch Deutschland von Schlacht zu Schlacht. Mit seinen 60.000 Soldaten stand Tilly eines Tages vor den Toren der gut befestigten Stadt Rothenburg ob der Tauber. Entlang einer unüberwindbaren Mauer schützten 42 Tor- und Wehrtürme diese Reichsstadt, die durch Zölle und Getränkesteuern nicht nur zu beachtlichem Wohlstand, sondern auch zu großer Macht gekommen war.

Tilly wurde schnell klar, dass es hier nur eine einzige Chance gab, und zwar geduldig abzuwarten. Die Zeit würde ihm in die Hände spielen, wenn er die Stadt nur lange genug belagern und damit aushungern könnte. Und tatsächlich verhalf ihm diese Strategie schließlich zum Erfolg. Er unterwarf die stolze Stadt am 30. Oktober 1631 und hielt sodann ein Kriegsgericht ab.

Tilly empfand inzwischen nichts als blanke Wut. Die ganze Angelegenheit hatte ihn schließlich kostbare Zeit gekostet, die er auch für andere Eroberungszüge hätte nutzen können. Nun wollte er Rache und verurteilte die störrischen Ratsherren, die Schuld an allem trugen, zum Tode. Hätten sie unverzüglich klein beigegeben, wäre ihm schließlich die sinnlose Warterei erspart geblieben. Die Stadt, entschied er weiterhin, sei kurzerhand zu brandschatzen.

Hätte Tilly seinen Richterspruch tatsächlich in die Tat umgesetzt, wäre Deutschland um eine bedeutende Attraktion ärmer. Denn das mittelfränkische Rothenburg ob der Tauber besitzt eine der besterhaltenen mittelalterlichen Altstädte des ganzen Landes.

Umgeben von der noch immer vollständig vorhandenen Stadtmauer liegen verwinkelte Gässchen, stolze Patrizierhäuser und vor allem Romantik pur. Auf dem begehbaren Wehrgang der Stadtmauer genießen Spaziergänger idyllische Ausblicke. Vom Rathausturm bietet sich ein Panorama über die ganze Altstadt und das Taubertal, dass sich 80 Meter tiefer zu Füßen der Stadt erstreckt. Zuvor gilt es allerdings 200 Stufen zu überwinden.

Aber das nehmen viele Touristen gerne auf sich. Rothenburg ob der Tauber präsentiert sich wie eine Stein gewordene Märchenkulisse. Deshalb musste die Stadt auch schon etliche Male als Filmschauplatz herhalten. Dazu ist sie ja geradezu prädestiniert. Hier entstanden Streifen wie »Zwanzig Mädchen und die Pauker: Heute steht die Penne Kopf« von 1971 mit Heidi Kabel und Brigitte Mira, »Die Christel von der Post« mit Hardy Krüger und Paul Hörbiger von 1956, aber auch Szenen aus der US-Produktion »Tschitti Tschitti Bäng Bäng« von 1968. Walt Disneys Pinocchio lebt in einem gezeichneten Dorf, für das Rothenburg ob der Tauber Pate stand.

So wurde Rothenburg in Zeiten des Massentourismus weltweit bekannt. Aus den entferntesten Winkeln der Erde strömen Reisende herbei, allen voran Asiaten, bei deren Europareise der Stopp in Deutschlands Vorzeigeidylle vielfach als unverzichtbar gilt. Und deshalb schieben sich meist zahllose Touristengruppen durch die alten Gassen. Rothenburgs Geschäftsleute tragen dem Rechnung und bieten in überladenen Glitzerläden »typisch« deutsche Andenken feil. Neben Kuckucksuhren und Holzschnitzereien sind das vor allem Weihnachtsdekorationen jedweder Art, die hier rund ums Jahr an den Mann beziehungsweise an die Japanerin gebracht werden.

Wer sich mit dem Angebot der Souvenirläden nicht begnügen möchte, geht ins Puppen- und Spielzeugmuseum, ins Schäfertanzmuseum oder ins Handwerkerhaus, wo die Vergangenheit lebendig gehalten wird. Und wer von all den Christbaumkugeln und Rauschgoldengeln noch nicht genug hat, besucht das Deutsche Weihnachtsmuseum. Touristen, die sich angesichts all der idyllischen Süße übersättigt fühlen, lassen sich vom Staatverlies im Historiengewölbe oder vom Kriminalmuseum mit seinen Folterinstrumenten ernüchtern. Und wer seine mittelalterlichen Eindrücke abrunden will, begleitet am Abend den Nachtwächter auf einem Rundgang durch die Stadt. Die Tour wird täglich angeboten.

Rothenburg hat die Wirren der Vergangenheit recht gut überstanden. Allerdings ging der Zweite Weltkrieg auch hier nicht spurlos vorbei. Kurz vor Kriegsende wurde die Stadt bombardiert und erlitt zahlreiche schwere Beschädigungen. Der Angriff galt eigentlich nicht der Stadt selbst, sondern einem nahegelegenen Öllager. Doch diese Anlage wurde künstlich vernebelt, und so wichen die Bomberpiloten auf Rothenburg aus. Später äußerten sie ihr Bedauern, sie wussten nicht, welchen Kulturschatz sie da unter Feuer nahmen. Die Amerikaner sammelten Spenden und unterstützten den originalgetreuen Wiederaufbau der betroffenen Ortsteile.

Die berühmtesten Baudenkmäler der Stadt, Röderbogen und Markusturm, blieben unversehrt. Ihr reizender Anblick wurde auf zahllosen Zeichnungen, Gemälden und Kupferstichen festgehalten und schmückte schon so manche deutsche Wohnzimmerwand. Sie bilden Rothenburgs berühmtestes Motiv.

Doch was konnte General Tilly seinerzeit von seinem Zerstörungsplan abbringen?

Die Ratsherren setzten in ihrer Not dem zornigen Tilly einen herrlichen Krug vor, aus buntem Glas und reich verziert, angefüllt mit 3 ¼ Litern besten Weins. Damit hofften sie, den alten Haudegen milde zu stimmen. Tilly aber ließ sich so leicht nicht besänftigen. Er verkündete, dass er von der Urteilsvollstreckung nur Abstand nähme, wenn sich einer fände, der den Krug in einem Zug austrinken könne.

Da meldete sich der Altbürgermeister Georg Nusch, setzte den Humpen an und leerte ihn bis zur Neige. Den Anwesenden verschlug es die Sprache, Tilly aber hielt Wort. Stadt und Ratsleute blieben verschont. Wie Georg Nusch den Sturztrunk verkraftete, ist allerdings nicht überliefert.

Überhaupt ist die Begebenheit vielleicht bloß frei erfunden. Tatsache ist einzig, dass Tilly sich die Stadt unterwarf. Doch später entstand das Theaterstück »Der Meistertrunk«, das die Legende zur historischen Wahrheit erhob. Es wird alljährlich zu Pfingsten aufgeführt, in originalgetreuen Kostümen und mit einem riesigen Darstelleraufgebot. Das Historienspektakel verwandelt die ganze Altstadt von Rothenburg in eine einzige Freilichtbühne, Höhepunkt ist die Aufführung des Stücks im Kaisersaal des Rathauses. Dazu gibt es Märkte, Umzüge und ein Feldlager mit feuchtfröhlichem Festbetrieb.

Nach dem Dreißigjährigen Krieg verlor Rothenburg seine Bedeutung und versank in einen tiefen Dornröschenschlaf. Das ist der Grund, weshalb die Stadt so gut erhalten blieb: In den Jahrhunderten danach fand keine Neubautätigkeit mehr statt, weil niemand Geld dafür besaß. Die alten Gemäuer blieben stehen. Und so überdauerte das Mittelalter in Rothenburg wie unter einer Käseglocke. Welch ein Glück!

Rothenburger Schneeballen

Zutaten

250 g Mehl
2 Eier
die abgeraspelte Schale
  einer halben Zitrone
100 ml saure Sahne
reichlich Frittierfett
Puderzucker
Salz

Zubereitung

Mehl, Eier, saure Sahne, Zitronenschale und etwas Salz zu einem festen Teig verkneten. 30 Minuten ruhen lassen, dann dünn ausrollen und Kreise von ca. 15 cm Durchmesser ausstechen. Wiederholen, bis alles verbraucht ist.

Nun wird es etwas komplizierter: Die Kreise innen im Abstand von 1 cm in Streifen schneiden, außen einen Rand von 1 cm lassen. Einen Kochlöffelstiel so durch die Streifen fädeln, dass abwechselnd einer darüber, einer darunter ist. Den Löffel entfernen, dabei eine lockere Kugel formen. Die Kugel in heißes Frittierfett geben, dabei mit zwei Schaumlöffeln zusammenhalten. Frittieren, bis sie hellbraun ist, herausnehmen und rundum mit Puderzucker bestäuben.

Die Schneeballen gibt es Rothenburger Raum schon seit mindestens 400 Jahren. Früher wurden sie zu besonderen Gelegenheiten wie beispielsweise zu Hochzeiten gebacken.

Heute sind sie zwischen Rothenburg und Dinkelsbühl in so gut wie jeder Bäckerei zu finden. Spezialisten kreieren immer neue Varianten, so zum Beispiel mit Schokolade, buntem Zucker, Pistazien oder Marzipan. Schneebälle sind acht Wochen lang haltbar und deshalb ein beliebtes Mitbringsel. Auch sind spezielle Backkugeln dafür erhältlich.

Hopfen und Malz, Gott erhalt's – das flüssige Brot

Bier ist in Bayern nicht einfach ein alkoholisches Getränk, es ist ein Lebensmittel. Und als solches ist es allgegenwärtig. Zum Frühschoppen, zur Brotzeit oder zur warmen Mahlzeit, im Sommer draußen im Biergarten, während des Winters im urigen Bierkeller. Auch bei der Kirchweih, beim Oktoberfest und am Stammtisch im Wirtshaus. Denn Bier ist in der bayerischen Kultur tief verwurzelt. Nachweislich wurde es hierzulande schon im Jahr 800 v. Chr. gebraut, und zwar im oberfränkischen Kasendorf bei Kulmbach. Die dort bei Ausgrabungen entdecken Bieramphoren sind der älteste Beleg für die Herstellung von Bier auf deutschem Boden. Und selbstverständlich ist es auch bayerischer Boden.

Der Sage nach wurde das Bier allerdings von einem gewissen Gambrinus erfunden. Viele Spekulationen ranken sich um seine Person, doch obwohl schon seit dem 16. Jahrhundert versucht wird, seine Identität zu lüften, ist das bis heute nicht gelungen. Er diente vielleicht Karl dem Großen als Gefolgsmann, alternativ dem unbekannten König eines sagenhaften Volkes aus dem Norden oder einem trinkfreudigen Herzog aus Brabant. Wahlweise ist der Name Gambrinus auch nur die Verballhornung der lateinischen Bezeichnung für einen Zecher im Gasthaus oder eines alten Worts für den Berufsstand der Brauer. Sie dürfen sich eine der Versionen aussuchen. Doch wie dem auch immer sei, Gambrinus ist Schutzpatron der Bierbrauer.

Später spezialisierten sich Klöster auf Bierbrauerei, denn Bier diente wie Brot als Grundnahrungsmittel. Der durch die Gärung gebildete Alkohol sorgte nämlich dafür, dass das wertvolle Getreide auch unter widrigen Umständen lange haltbar blieb. Die gebildeten Mönche konnten anders als der Großteil der Bevölkerung lesen, folglich studierten sie die alten Schriften zur Bierherstellung und profitierten von dem dort festgehaltenen Wissen. Klosterbräu wies deshalb meist deutlich höhere Qualität auf als Bier aus weltlichen Brauereien.

Die Bayerische Brauordnung von 1539 verbot das Bierbrauen während der warmen Monate wegen der erhöhten Brandgefahr beim Sieden. Weil jetzt nur noch zwischen Sankt Michaelis am 29. September und Sankt Georg am 23. April gebraut werden durfte, wurde ab März nur noch besonders haltbares Bier hergestellt. Das geschah durch Erhöhung des Alkoholgehalts und der Stammwürze, also der vor Einsetzen der Gärung aus Malz und Hopfen gelösten Bestandteile wie Malzzucker, Eiweiß und Aromastoffen. Heraus kam das sogenannte Märzbier.

Außerdem bedurfte es einer Idee, um das Bier im Sommer zu kühlen und über die warmen Monate lagern zu können. Zu diesem Zweck entstanden Keller außerhalb der Stadtmauern, idealerweise tiefe Felsenkeller, die möglichst mit Eis aus dem Winter bestückt wurden. Um diese Keller vor der Sommersonne zu schützen, standen Rosskastanien vor den Eingang, weil deren große Blätter reichlich Schatten spenden. Hier verkauften die Brauer ihr Bier, schenkten es aber auch gleich an Vorbeikommende aus. Damit die es etwas gemütlicher haben sollten, stellten die Braumeister Tische und Stühle unter die Kastanien, und mitunter gab es auch eine Brotzeit für hungrige

Gäste. Über diese unerwünschte Konkurrenz ärgerten sich die normalen Wirtsleute, und so erließ König Ludwig I. schließlich eine Bestimmung, die den Brauern zwar den Bierausschank erlaubte, den Verkauf von Speisen aber untersagte. Wer beim Brauer ein Bierchen trinken und dazu etwas essen wollte, der musste sich nun einen Picknickkorb mitbringen. Und schon war der Biergarten erfunden. Im Winter luden die Brauer ihre Gäste nach drinnen ein, so entstanden die Bierkeller.

Die unterschiedlichen Regionen Bayerns brachten mit der Zeit ihre eigenen Bierspezialitäten hervor. Im Norden von Bayern hat sich Pils als beliebtestes Bier herauskristallisiert, gefolgt von Weizenbier, Lager und Export. Im Landessüden dominiert das Weizenbier mit satten 43 Prozent Marktanteil, gefolgt von Lager. Pils bringt es hier nur auf jämmerliche vier Prozent, Export immerhin noch auf neun Prozent.

Lager und Export gibt es jeweils als helles und als dunkles Bier. Bayerisches Lager wird untergärig gebraut, auf diese Art hergestelltes Bier ist länger haltbar. Export ist stärker eingebraut als Lager und enthält mitunter einen deutlich höheren Hopfenanteil. Sein Name kommt nicht von ungefähr, das Bier wurde ursprünglich speziell für den Export in ferne Länder gebraut. Das dunkle Bier schmeckt ein bisschen süßer als das helle, was an seinem Dunkelmalzanteil von 50 Prozent liegt. Pils hat dagegen einen deutlich höheren Anteil von herben Bitterstoffen des Hopfens. Weizenbier, auch Weißbier genannt, ist obergärig aus Weizenmalz gebraut, es schmeckt mild und erfrischend.

Außerdem gibt es noch das Bockbier, das dank hohen Malzanteils eine süffige Süße besitzt. Seinen Namen verdankt es der Stadt Einbeck, in der es einst erfunden wurde, aber die liegt nun gar nicht in Bayern, sondern in Niedersachsen. In der ersten Hälfte des letzten Jahrtausends tat sich Einbeck als Biermetropole hervor und exportierte sein Gebräu sogar bis nach

Italien. Das obergärige, alkoholreiche Bockbier galt damals als Luxusgut. Zu den Kunden gehörten auch bayerische Herzöge, und irgendwann ließen sie ihr eigenes Bockbier herstellen. Es ist ein besonders nahrhaftes Bier, deshalb kommt es gerne als Fastenstarkbier auf den Markt, seine Hauptverkaufszeit liegt in der Fastenzeit nach dem Fasching.

Noch stärker ist das Doppelbock. Derartige Biere sind an der Endung »-ator« erkennbar. So beginnt in München die Fastenzeit traditionell mit dem Salvator-Anstich auf dem Nockherberg. Damit wird die zweiwöchige Starkbierzeit eingeläutet, denn wenn es schon nichts Ordentliches zu beißen gibt, dann doch wenigstens ein gehaltvolles Getränk. Weil aber die Bockbiere eine große Anhängerschaft gewinnen konnten, gibt es sie auch zu anderen Gelegenheiten, zum Beispiel als Weihnachtsbock oder als Maibock. Das stärkste Bier der Welt ist das Eisbock, ein Bockbier, das gefroren und danach vom Eiswasser befreit wird. Übrig bleibt der Anteil, der wegen des hohen Alkoholgehalts nicht gefroren ist, diese Biere bringen es leicht auf zwölf Volumenprozent Alkohol und mehr. Eine schottische Brauerei erreichte mit dieser Methode sogar 65 Prozent.

In Franken ist noch das Bamberger Rauchbier bekannt, bei dessen Herstellung das Malz über Rauch gedörrt wird. Ungespundetes ist ein Bier, das ohne den normalerweise üblichen Druck im Fass, den sogenannten Spundungsdruck, gärt. Es hat deshalb nur wenig Kohlensäure und schmeckt recht bitter. Zwickelbier ist nicht gefiltert und deshalb trüb und nährstoffreich.

Wer es nicht so stark mag, trinkt Radler, das ist eine Mischung aus Zitronenlimonade und halbdunklem Bier, die angeblich der Wirt des Oberhachinger Biergartens Kugler Alm im Jahr 1922 kreierte, als ihm das Bier an einem heißen Tag auszugehen drohte. Russ ist ein bayerisches Mischgetränk aus Weizenbier und Zitronenlimonade.

Noch älter als die bereits erwähnte Bayerische Brauordnung ist ein anderes Gesetz, das den Bayern bis zum heutigen Tage heilig ist: Das Reinheitsgebot von 1516. Sein Text lautet schlicht: »Ganz besonders wollen wir, dass forthin allenthalben in unseren Städten und Märkten und auf dem Lande zu keinem Bier mehr Stücke als allein Gersten, Hopfen und Wasser verwendet und gebraucht werden sollen.« Das ist die älteste noch gültige Lebensmittelvorschrift der Welt. Damit sollte die Pantscherei unterbunden werden, auch blieben die wertvolleren Getreidesorten Weizen und Roggen allein den Bäckern vorbehalten. Nur für Weizen gab es schon bald Ausnahmeregeln. Alle rund 4.000 bayerischen Brauereien halten sich an die alten Bestimmungen. Das Deutsche Reinheitsgebot von 1906 erlaubt nämlich zusätzlich die Verwendung von anderem Malz, Rohr-, Rüben- und Invertzucker sowie einem Farbmittel aus Stärkezucker.

Bayerisches Bier enthält nichts dergleichen, sondern ausschließlich Hopfen und Malz. Und natürlich die für die Gärung erforderliche Hefe. Die wird im Reinheitsgebot nicht genannt, weil zur Zeit seiner Verabschiedung noch niemand von ihrer Bedeutung für die Entstehung des Biers wusste.

Das Wasser, der vierte Bestandteil des Biers, sorgt für regionale Geschmacksunterschiede, je nachdem, wie sein Gehalt an Mineralstoffen ist. Der Hopfen ist für den herben Geschmack des Biers verantwortlich und besitzt außerdem eine beruhigende Wirkung. Das Malz wird aus Getreidekörnern gewonnen, die zunächst zum Keimen gebracht und danach getrocknet sowie geröstet werden. Dadurch reichern sie Zucker und Enzyme an, die für die Bildung von Alkohol unerlässlich sind. Durch unterschiedliche Röstverfahren, verschiedene Getreidesorten und Variationen des Verhältnisses von Hopfen zu Malz wird das Aroma des individuellen Biers wesentlich beeinflusst.

Ich muss nun allerdings gestehen, dass ich kein großer Bierfreund bin. Ganz anders war das bei meinem Mann. Er schwärmte in höchsten Tönen vom Kloster Andechs am Ostufer des Ammersees. Das ist nicht nur Bayerns ältester Wallfahrtsort, es besitzt auch die größte konzernunabhängige Klosterbrauerei Deutschlands, in der die Mönche Jahr für Jahr 100.000 Hektoliter Bier in sieben verschiedenen Sorten produzieren. Ein Teil davon wird gleich vor Ort im Klostergasthaus ausgeschenkt, und besonders das dunkle Doppelbock mit seinem Alkoholgehalt von 7,1 Volumenprozent mag wohl maßgeblich dazu beigetragen haben, dass hier so manch einer dem Rausch des Heiligen Berges von Bayern verfallen ist.

Wenn zu später Stunde die müden Zecher ihre Bierbäuche wieder hinab ins Tal schieben, trägt das Bier an ihrem Körperumfang überhaupt keine Schuld. Es gibt nämlich eigentlich gar keinen »Bierbauch«. Dem Bier haftet der Ruf an, eine wahre Kalorienbombe zu sein, aber das stimmt nicht. Es hat im Durchschnitt sogar weniger Kalorien als Apfelsaft. Natürlich liefert eine Maß Lagerbier mit rund 430 Kilokalorien eine kleine Mahlzeit, Weizenbier mit 520 Kilokalorien pro Liter sogar noch mehr, fast so viel wie Doppelbock mit 550 Kilokalorien.

Das allein wäre aber gar nicht so schlimm. Fatalerweise regt der Alkohol jedoch den Appetit an, und es ist eher die zusätzlich verzehrte deftige Mahlzeit, die für die Körperrundung verantwortlich zeichnet. Besser wäre es also, nur Bier zu trinken, ohne etwas zu essen. Schließlich bezeichnet man das Bier ja auch als flüssiges Brot.

Ist es also vielleicht sogar möglich, nur von Bier allein zu leben? Um einen täglichen Kalorienbedarf von 2.000-2.500 Kilokalorien zu decken, sind vier bis fünf Liter Weizenbier erforderlich. Vielleicht sind die bayerischen Trinkgefäße deshalb so groß. Prost Mahlzeit!

Arme Ritter mit Himbeeren und Dunkelbier

Zutaten für 4 Personen

200 g altbackenes Weißbrot in Scheiben
1 Apfel
300 g Himbeeren (TK)
50 g Rosinen
250 ml Milch
250 ml Sahne
125 ml dunkles Bockbier
2 Eigelb
3 Eier
1 Pck. Vanillezucker
90 g Zucker
30 g Perlsago
Butter zum Einfetten

Zubereitung

Den geschälten Apfel in Scheiben schneiden. Abwechselnd die Brot- und Apfelscheiben sowie die Rosinen in eine eingefettete Auflaufform legen. 3 Eier mit Milch, Sahne, Vanillezucker sowie 30 g Zucker verquirlen und darüber verteilen. Den Backofen auf 200°C vorheizen und das Ganze ca. 30 Minuten darin backen, bis die obere Schicht braun wird.

Die Himbeeren mit 30 g Zucker und dem Perlsago aufkochen und 20 Minuten bei schwacher Hitze ziehen lassen.

Die Eigelbe mit dem Bier und dem restlichen Zucker in einem kleinen Topf verquirlen und im heißen Wasserbad schaumig aufschlagen.

Die Armen Ritter nach der Backzeit in vier Teile aufteilen. Auf die Teller zunächst die Himbeergrütze geben, dann die Armen Ritter darauflegen und das Ganze mit dem Eierschaum übergießen.

Nach Belieben mit Minze und Puderzucker dekorieren.

Bayerns Küche – vom Bauernschmaus zu Alfons Schuhbeck

Nur vom Bier allein zu leben, wäre auf die Dauer doch eine allzu trostlose Vorstellung. In Bayern ist das zum Glück auch überhaupt nicht nötig. Denn die bayerische Küche hat allerhand leckere Spezialitäten zu bieten. Sie ist kräftig, deftig und bodenständig, denn ihr Ursprung liegt in bäuerlichen Haushalten. Die harte Arbeit sorgte für einen hohen Kalorienverbrauch, dem Rechnung getragen werden musste. Andererseits brachte die Anstrengung vielfach reiche Erträge ein, gerade auf dem Land konnten die meisten sich deshalb nahrhaftes Essen leisten.

So gibt es oft als Hauptgericht Fleisch, dazu gern kalorienreiche Knödel, und der Nachtisch besteht aus einer süßen Mehlspeise. Durch die räumliche Nähe und die kulturellen, politischen, oftmals auch familiären Verbindungen bestehen viele Parallelen zwischen der böhmischen, der österreichischen und der bayerischen Küche. Die fränkische und die schwäbische Küche bringen ihre eigenen nahrhaften Spezialitäten auf den Teller.

Doch die traditionelle Kost erwies sich oft als ziemlich einseitig. So bemäkelte ein Reisender im Jahr 1907, dass in der Landeshauptstadt München nichts als Kalbfleisch serviert werde. Schon zum Frühstück wurde dem armen Mann die von Kalbfleisch dominierte Weißwurst vorgesetzt, und so ging es weiter: Kalbsbratwurst, saures Kalbslüngerl, Kalbsvögerl (dünne Scheiben aus der Hachse), Kalbskronfleisch (Muskelfleisch aus dem Zwerchfell), Kalbsfleischpflanzerl (Frikadellen), kurzum, Kalbfleisch bis zum Abwinken. Tatsächlich wiesen sich die Münchner als wahre Kalbsfleischfanatiker aus, pro Kopf wurde zeitweise ein ganzes Kalb im Jahr verspeist.

Unweigerlich mussten eines Tages auch Köche auf den Plan treten, die die bayerische Kost mit frischen Ideen verfeinern und höheren Ansprüchen gerecht werden ließen. Das Schwabinger Feinkostgeschäft Käfer bot den Münchnern schon ab 1930 ausgesuchte Spezialitäten an. 1970 kam noch ein Restaurant hinzu. Durch geschicktes Marketing entwickelte sich Käfer zum angesagten Lieferanten für gehobene Ansprüche und zur ersten Adresse für Münchens Schickeria. Auf den Wogen dieses Ruhms hielten Käfer-Lizenzprodukte schließlich auch bundesweit Einzug in ganz normale Supermärkte. Zupass kam dem Unternehmen sicherlich, dass sich im Schwabing der Achtzigerjahre eine ziemlich abgehobene Jetset-Szene herausbildete. Porträtiert von den damals populären Fernsehserien »Kir Royal« und »Monaco Franze« fand sie in ganz Deutschland staunende Bewunderer.

In dieser Zeit trat auch ein anderer auf den Plan: Alfons Schuhbeck. Er stammte aus dem Chiemgau und gehörte zu den vielen jungen Leuten seiner Generation, die erst einmal verschiedene Dinge ausprobierten, bevor sie ihren endgültigen Weg einschlugen, dem sie dann aber umso konsequenter folgten.

Zunächst erlernte er den Beruf des Fernmeldetechnikers. Außerdem spielte er in einer Rockband, und deren Auftritt im oberbayerischen Waging am See geriet zum Wendepunkt seines Lebens. Der dortige Wirt fand Gefallen an dem jungen Mann, überredete ihn dazu, eine Ausbildung zum Koch zu absolvieren und gab ihm eine Stelle in seinem Lokal. Aber nicht nur das, er adoptierte ihn sogar und setzte ihn als seinen Erben ein. So kam Alfons Schuhbeck nicht nur zu seinem Nachnamen, sondern auch zum »Kurhausstüberl« in Waging, von dem er sich erst 2002 wieder trennte.

Der alte Wirt besaß wohl den richtigen Riecher, denn Alfons bewies schnell einen sicheren Instinkt in der Küche. Kreativ und experimentierfreudig machte er in den Achtzigerjahren aus dem einfachen Dorfgasthaus ein Szenelokal für Münchens Hautevolee, und auch die High Society aus dem nahen Salzburg reiste an. Fernsehstars, Politiker, Spitzenmanager und andere Prominente gaben sich ein Stelldichein bei Alfons Schuhbeck. Bald durfte er prestigeträchtige Veranstaltungen wie das Bundeskanzlerfest oder die Echo-Preisverleihung beliefern.

Und weil Alfons Schuhbeck nicht nur gut kochen konnte, sondern auch Geschäftssinn bewies, kamen in den Neunzigerjahren ein weiteres Restaurant, eine Weinstube, ein Gewürz-, ein Tee- und ein Schokoladenladen, ein Eiscafé und eine Kochschule am Platzl in München hinzu. Außerdem ein Partyservice und ab 2003 ein weiteres Restaurant, das »Schuhbecks in den Südtiroler Stuben« an Münchens Platzl, das sich bis 2017 mit einem Michelin-Stern schmücken durfte. Der Versuch, weitere Restaurants in anderen Regionen Deutschlands zu eröffnen, schlug allerdings fehl. Dafür florierte ein Delikatessenladen am Münchner Marienplatz, außerdem durfte Schuhbeck gelegentlich die Spielerstars des 1. FC Bayern München bekochen.

Vor allem aber wusste Schuhbeck stets, wie er sich vermarkten konnte. Seine zahlreichen Kochbücher sind Bestseller, denn dank unermüdlicher Fernsehauftritte wurde der Meister seit den Neunzigerjahren bundesweit bekannt. Seine Popularität nutzte er auch zu lukrativen Werbeauftritten und schreckte dabei nicht davor zurück, Fabrikfleischwurst und Fertigsuppen anzupreisen. Seiner Glaubwürdigkeit kam das nicht unbedingt zugute, und noch weniger, dass er Reklame für Autobahnraststätten und die Fleischklopsmassenrösterei McDonald's machte. Dass zwei seiner Fertiggerichte 2013 vom Pferdefleischskandal betroffen waren, kann da kaum noch überraschen. Ganz übel wurde es auch, als herauskam, dass Schuhbeck in seinem Restaurant windige Kapitalanlagen vermittelte, die nach dem Schneeballprinzip funktionieren sollten. Dieser Gesetzesverstoß trug ihm 1994 eine einjährige Bewährungsstrafe sowie eine hohe Geldstrafe ein.

Doch Schuhbeck ließ sich nicht unterkriegen. Er machte weiterhin Werbung für Hamburger, Currywurst sowie Küchengeräte und schrieb fleißig Rezeptbücher. Auch die Auftritte als Fernsehkoch rissen nicht ab. Gern spielte er zudem kleine Rollen in Serienproduktionen. Im Rahmen einer Dinnershow kochte er Vier-Gänge-Menüs vor zahlungskräftigem Publikum im Münchner »Schuhbecks Teatro«.

Zumindest, bis er 2021 Insolvenz anmelden musste. Als Ursache nannte er die langen Schließungszeiten während der Corona-Pandemie. Doch schnell sprang ihm eine Investorengruppe zur Seite, die nicht nur die zahlreichen Betriebe retten, sondern auch Schubecks eigenen Arbeitsplatz erhalten wollte. Das im gleichen Jahr gegen ihn eröffnete Verfahren wegen Steuerhinterziehung erschien da fast schon nebensächlich. Doch leider wuchs es sich zum Fiasko aus: Schuhbeck räumte großangelegten Steuerbetrug ein. Dafür wurde der zu diesem Zeitpunkt bereits 73-Jährige zu einer Haftstrafe von drei Jahren und zwei Monaten verurteilt. Ob er sich von dieser Bauchlandung noch einmal erholen wird? Für die Gefängniskantine wäre er sicherlich ein Hauptgewinn!

Bayerische Kartoffelknödel

Zutaten für 4-6 Personen

2 kg festk. Kartoffeln
2 Scheiben Toastbrot
60 g Butter
Stärkemehl, Salz

Zubereitung

Die Toastscheiben in kleine Würfelchen schneiden. Anschließend die Butter in einer Pfanne zerlassen und die Würfelchen darin von allen Seiten goldbraun rösten, dabei leicht salzen. Die Hälfte der Kartoffeln mit der Schale garen und anschließend pellen. Die andere Hälfte schälen und reiben. Die geriebene Masse fest in ein Sieb drücken, damit alle austretende Flüssigkeit abläuft. Zum Schluss noch einmal gut ausdrücken, am besten in einem Geschirrtuch auspressen, indem das Geschirrtuch von oben anfangend zusammengedreht wird. Die gekochten Kartoffeln nun gründlich zerstampfen oder durch die Kartoffelpresse drücken. Dann die beiden Kartoffelmassen miteinander vermengen und 1 El Salz untermischen. Sollte die Masse zu feucht sein und an den Händen kleben, muss so lange Stärkemehl untergemischt werden, bis sie nicht mehr an den Fingern hängen bleibt. Anschließend 12 gleich große Kugeln formen und mit dem Finger jeweils ein Loch bis zur Mitte hineinbohren. Dort hinein die gerösteten Toastwürfel verteilen und die Löcher anschließend wieder zudrücken.

In einem großen Topf reichlich Salzwasser aufkochen. Die Knödel in das siedende Wasser gleiten lassen, die Hitze reduzieren und die Knödel ca. 15 Minuten lang ziehen lassen. Wenn sie fertig sind, steigen sie an die Oberfläche.

Von Schein und Sein – Rudolph Moshammer

Vielleicht schauen wir Nicht-Bayern auch deshalb ein bisschen neidisch auf den Freistaat, weil wohl keine andere Region Deutschlands so viele schillernde Gestalten und Barockmenschen hervorgebracht hat. Ein König Ludwig mit seinen Märchenschlössern wäre in Norddeutschland schier undenkbar. Hamburg bringt nüchtern-sachliche Persönlichkeiten wie Helmut Schmidt hervor, Bayerns Antwort heißt Franz-Josef Strauß. Und an Hamburgs Reeperbahn geht es zwar deftig einher, während die vornehme Gesellschaft der Stadt einen kühlen, elitären Luxus genießt. Doch eine ausschweifende Glamourszene wie im München der Achtzigerjahre ist hier schwerlich vorstellbar.

Eine der exzentrischsten Gestalten dieser Glitzerwelt hieß Rudolph Moshammer. Als Markenzeichen des Modezars galt neben seinen schuhwichsschwarzen, aufgetürmten Kunsthaaren und dem Clark-Gable-Bärtchen sein Schoßhündchen, Yorkshire-Terrier Daisy, die ihn wie ein unverzichtbares Accessoire stets begleitete. Dazu trug er gern operettenhafte Abendanzüge und auffällige Krawatten, selbst vor barocker Aufmachung schreckte er nicht zurück. Ganz nach dem Motto: Hauptsache, auffallen. Mit dieser meisterhaften Selbstinszenierung feierte er große Erfolge, was er aller Welt demonstrierte, wenn er sich mit einem seiner drei Rolls Royce vorfahren ließ. Die Boulevardpresse schlachtete das Thema gierig aus, Moshammers Boutique in Münchens edler Maximilianstraße entwickelte sich zur Kultadresse. Der Paradiesvogel wurde teils bewundert, teils belächelt, teils wandten seine Mitmenschen sich kopfschüttelnd ab. Doch unbestreitbar glückte hier jemandem eine sagenhafte Karriere, ob Moshammers Auftritte nun gefielen oder nicht.

Der glamouröse Firnis brach schlagartig zusammen, als Moshammer im Januar 2005 ermordet aufgefunden wurde. So kam ans Licht, dass der stets so jovial auftretende Moshammer in all den Jahren eine perfekte Fassade gelebt hatte, hinter der sich nun die Abgründe einer zerrissenen Psyche auftaten. Denn den Mord beging ein junger Asylbewerber aus dem Irak, und zwar, wie es sich herausstellte, wegen eines Streits um bezahlte sexuelle Dienstleistungen. Sich zu seiner Homosexualität zu bekennen und sie offen auszuleben, hatte der scheinbar so selbstbewusste Moshammer sich nicht getraut. Seine geheimen Sextreffen brachten ihn letzlich in die fatale Situation, die zu seinem Tod führte.

So traten auch die Hintergründe ans Licht, die Moshammers privates Selbst stets überschatteten, ohne ans Licht der Öffentlichkeit zu treten. Denn über seine Herkunft hatte Moshammer sich ausgeschwiegen.

Die stand nämlich in allzu scharfem Kontrast zu seinem glanzvollen Image. Seine Familie hatte ständig am finanziellen Abgrund gelebt, denn der alkoholabhängige Vater vertrank alles Geld. Irgendwann nahm die Mutter den jungen Moshammer und bezog mit ihm eine eigene Wohnung. Der Vater wurde obdachlos und starb wenige Jahre später. Das erklärt, warum sich Moshammer zeitlebens für Münchens Obdachlose engagierte. Er unterstützte sie mit einer Stiftung und spendierte ihnen über viele Jahre hinweg ein Weihnachtsessen.

Seine Mutter wich nicht mehr von der Seite ihres Sohnes, weshalb Moshammer oft als Muttersöhnchen belächelt wurde. Tatsächlich trieb wohl die Mutter seine Karriere voran, indem sie ihn zu ständig neuen Extravaganzen anstachelte. Sie drängte ihn dazu, immer schriller aufzutreten, auf der anderen Seite wusste sie es zu verhindern, dass andere Menschen eine maßgebliche Rolle in seinem Leben spielen konnten. Denn die kleine Frau mit den auffällig lila gefärbten Haaren blieb stets präsent und hielt ihren Sohn offensichtlich fest im Griff.

Irgendwann in den Sechzigerjahren begann Moshammer mit Unterstützung seiner Mutter, Mode zu entwerfen. Allerdings absolvierte er nie eine entsprechende Ausbildung, und es heißt, dass er mitunter bloß vorgefertigte Konfektionskleidung mit ein paar Applikationen und seinem Namensschild versehen habe.

Der Geschäftstüchtigkeit seiner Mutter ist der kometenhafte Aufstieg in den Siebzigerjahren zu verdanken. Sie organisierte das Geld für die Eröffnung der Boutique an Münchens erster Adresse, sie umgarnte die Kundschaft so lange, bis schließlich Prominente wie Arnold Schwarzenegger, José Carreras oder Schwedens König Carl Gustav und zudem milliardenschwere Ölscheichs in Moshammers Laden einkauften. Das Luxusfaible der Achtzigerjahre trug Moshammer schließlich in die höchsten Sphären der Glamourwelt.

Erst als diese Dekade vorüberging, Münchens Schickeria langsam wieder verblasste und schließlich auch noch Moshammers Mutter starb, liefen die Geschäfte nicht mehr ganz so gut. So konzentrierte sich Moshammer mehr und mehr auf die Selbstvermarktung. Die Öffentlichkeit nannte ihn längst zärtlich »Mosi«, was er nun als Marke für Mosi-Bücher, Mosi-CDs und allerhand Mosi-Devotionalien ausschlachtete. Als gewinnträchtigstes Werbemittel erwies sich Hündchen Daisy, die er stets in einer Designerhandtasche herumtrug, damit sie sich ihre zarten Pfötchen nicht schmutzig machen musste. Moshammer flutete den Markt mit Daisy-Objekten aller Art, es gab eine Daisy-Pflegeserie und Daisy-Hundemode, Daisy-Stofftiere und eine eigene Website für Daisy. Insgesamt besaß Moshammer nacheinander vier Yorkshire-Terrier dieses Namens, was der Allgemeinheit aber nicht weiter auffiel.

Er übernahm ein Gasthaus in Münchens Altstadt, das dank seiner Prominenz großen Zulauf bekam. Außerdem ließ er sich bei Filmproduktionen in Nebenrollen sehen und trat in einem Theaterstück auf. 2001 versuchte er sich sogar bei der Vorentscheidung zum Eurovision Song Contest, scheiterte jedoch. Seine Bücher mit Titeln wie »Ich, Daisy, Bekenntnisse einer Hundedame« oder »Mama und ich« erlebten eine kurze Zeit als Kassenschlager.

Er machte ein bisschen auf König Ludwig, ein bisschen auf Halbwelt, doch seine wahre Persönlichkeit auszuleben, wagte er nicht. Auf der Suche nach Sex – und vielleicht auch nach Erlösung aus seiner emotionalen Einsamkeit – zog es ihn nachts heimlich in zwielichtige Gegenden, was ihm schließlich zum Verhängnis wurde.

Die Aufklärung des Mordes an Rudolph Moshammer erregte großes Aufsehen. Schließlich gab es auffällige Parallelen zur Ermordung des Volksschauspielers Walter Sedlmayr im Jahr 1990. Auch in diesem Fall drang die Homosexualität des Opfers erst durch die Tat an die Öffentlichkeit. Die Aufklärung des Delikts erwies sich als schwierig und erfolgte letztendlich nur anhand von Indizien.

Jedoch nicht so bei Moshammer. Sein Fall ging in die Kriminalgeschichte als einer der ersten ein, die anhand einer DNA-Analyse aufgeklärt wurden, einem im Jahr 2005 noch umstrittenen und vor allem rechtlich ungeregelten Verfahren.

Moshammers schreckliches Ende erschütterte seine Fans. 15.000 Menschen säumten Münchens Straßen, als sich der Trauerzug durch die Stadt bewegte, so viele, wie zuletzt bei der Bestattung von Franz-Josef Strauß. Lediglich die Prominenten, die sich zu seinen Lebzeiten so gern mit ihm gezeigt hatten, blieben aus. Sie weilten stattdessen lieber beim Hahnenkamm-Rennen in Kitzbühel.

Was Moshammer, der öffentlich stets als reicher Lebemann auftrat, wirklich hinterließ, ist nicht bekannt. Niemand weiß, ob er tatsächlich ein solches Vermögen besaß, wie er vorgab. Doch immerhin sein Chauffeur wurde testamentarisch bedacht. Der nahm sich nach dem Tod seines Chefs auch der kleinen Daisy an, die ihren Herrn noch um anderthalb Jahre überlebte und ein Alter von 13 Jahren erreichte.

Prinzregententorte

Zutaten

250 g Mehl
500 g Butter
 (zimmerwarm)
350 g Zucker
150 g Puderzucker
1 Pck. Vanillezucker
1 Pck. Schokoladen-
 puddingpulver
4 Eier
20 g Backpulver
50 g Stärkemehl
50 g Kakaopulver
500 ml Milch
Salz
Butter zum Einfetten

Zubereitung

Die Hälfte der Butter mit 250 g Zucker und dem Vanillezucker schaumig schlagen. Dann nach und nach das Mehl, die Eier, das Backpulver und 1 Prise Salz hinzugeben und alles gut zu Teig verarbeiten. Aus diesem Teig nun 7 dünne Böden herstellen. Dazu wird er in 7 gleiche Anteile geteilt, die zu Kugeln gerollt und rund ausgerollt werden. Eine Springform gut mit Butter einfetten, jeweils 1 Teiganteil hineinlegen und im vorgeheizten Backofen bei 220°C etwa 8 Minuten lang backen, bis der Teig goldbraun ist. Danach sofort aus der Springform nehmen und weiter so verfahren, bis alle 7 Böden gebacken sind.

Nun das Puddingpulver mit 1 El des Kakaos und dem restlichen Zucker vermischen und mit ca. 50 ml der Milch anrühren. Die restliche Milch aufkochen, das angerührte Pulver mit dem Schneebesen einrühren und noch einmal kurz aufkochen. Dann abkühlen lassen und dabei gelegentlich umrühren, damit sich keine Haut bildet. 220 g Butter schaumig rühren, sodann esslöffelweise unter den fast erkalteten Pudding heben und die Creme weitgehend abkühlen lassen.

Nun den ersten der ganz abgekühlten Tortenböden auf eine Platte setzen und mit der Schokoladenbuttercreme bestreichen. So immer weiter, bis alles verbraucht ist und die letzte Schicht aus einem Tortenboden besteht.

Die übrige Butter schmelzen, 2 El heißes Wasser hinzugeben, den Puderzucker und das Kakaopulver hineinsieben und dabei mit einer Gabel unterschlagen. Eventuell noch etwas heißes Wasser hinzugeben, es soll eine dickflüssige Creme entstehen. Damit die Torte überziehen.

Die Prinzregententorte ist nach dem bereits mehrfach erwähnten Prinzregenten Luitpold benannt und wurde vermutlich von dessen Hofkonditor Heinrich Georg Erbshäuser anlässlich des 65. Geburtstags des Prinzregenten im Jahr 1886 kreiert. Die dünnen Böden sollten dabei die damaligen acht bayerischen Regierungsbezirke symbolisieren, denn zu jener Zeit gehörte die Pfalz noch zu Bayern. Heute sind es nur noch sieben Bezirke.

Auch der Münchner Bäcker Anton Seidl schuf zwei Jahre später eine Schokoladentorte, die jedoch neun Böden besaß, einen für jedes Kind König Ludwigs I. Er hat angeblich schriftlich darum gebeten, diese Torte »Prinzregententorte« nennen zu dürfen, wofür es aber keinen Beweis gibt.

Aber zumindest reicht das als Veranlassung dazu, um die Urheberschaft dieser Münchner Tortenspezialität bis heute zu streiten.

Als Kaspar Hauser das Christkind traf – Geschichten aus Nürnberg

Der 26. Mai 1828 sollte ein besonderer Tag werden. Weil der Pfingstmontag auf ihn fiel, ruhte die Arbeit. Ein Nürnberger Schuster nutzte die Gelegenheit und brach zu einem Spaziergang auf, denn am Morgen strahlte eine herrliche Frühlingssonne.

Auf dem Unschlittplatz sprach ein junger Bursche den Schuster an. Er schien ein wenig zurückgeblieben und gab merkwürdige Laute von sich. Aber aus dem Wenigen, was er zu artikulieren vermochte, verstand der Schuster, dass der Bursche ein bestimmtes Haus suchte. Er trug nämlich einen Brief bei sich, adressiert an einen Rittmeister, und so wies ihm der Schuster den Weg zu dessen Wohnsitz.

Der Rittmeister reagierte konsterniert. Denn der Verfasser des Briefs blieb anonym. Er gab lediglich an, ein armer Tagelöhner zu sein, der den Burschen 16 Jahre zuvor aufgelesen habe. Weil er keinen anderen Rat wusste, habe er das Kind aufgezogen, es währenddessen Lesen und Schreiben gelehrt, doch habe er es in all den Jahren niemals vor die Tür gelassen. Nun hoffe er, dass der Junge eine Ausbildung im Reiten erhalten könne. Ein weiterer Zettel, angeblich von des Knaben Mutter, nannte ein Geburtsdatum und den Namen Kasper (in diesem Fall noch mit »e« geschrieben). Der Kindsvater sei verstorben, hatte sie noch hinzugefügt.

Dem Rittmeister schien die Sache nicht geheuer, deshalb schaffte er den Burschen auf die Polizeiwache. Dort gab dieser an, Kaspar Hauser zu heißen, sprach aber insgesamt nur wenig und machte einen tumben, vielleicht sogar geistesgestörten Eindruck. Die Beamten steckten ihn kurzerhand ins Gefängnis. So beginnt eine der geheimnisvollsten Geschichten aus Nürnberg.

Kaspar Hauser erzählte später, bis zu jenem Pfingstmontag in einem engen, dunklen Verlies gehaust zu haben, wo er bei Wasser und Brot vor sich hinvegetieren musste. Erst kurz vor seiner Freilassung habe ein Mann ihn notdürftig im Schreiben unterrichtet, das Laufen habe er überhaupt erst auf dem Weg nach Nürnberg erlernt. Kaspar Hauser konnte zu diesem Zeitpunkt kaum sprechen und wusste so gut wie nichts.

Da hätte er wohl einen Nürnberger Trichter benötigt, um all das nachzuholen, was ihm an Wissen fehlte. Diesen Trichter erfand der Nürnberger Schriftsteller Georg Philipp Harsdörffer, als er im 17. Jahrhundert seinem Lehrbuch der Poetik den Titel »Poetischer Trichter« gab, nicht ahnend, dass er damit ein geflügeltes Wort in die Welt setzte. Fortan konnten sich alle lernfaulen Schüler mit Hilfe des Nürnberger Trichters den Lehrstoff einflößen – allerdings leider nur in einer märchenhaften Wunschvorstellung.

Doch auch ganz ohne derartige Unterstützung konnte die Stadt Nürnberg zu Kaspar Hausers Zeiten schon auf beachtliche Persönlichkeiten verweisen, die hier geboren wurden. Allen voran der Meistersinger und Dichter Hans Sachs sowie der Maler Albrecht Dürer. Denn Nürnberg genoss als Stadt beachtliche Bedeutung. Hier erließ Karl IV. 1356 die Goldene Bulle, das wichtigste Grundgesetz des Heiligen Römischen Reichs. Im ausgehenden Mittelalter zählte Nürnberg zusammen mit Köln und Prag zu den drei größten Städten dieses Reichs. Die mächtige Kaiserburg, das Wahrzeichen der Stadt, vermittelt noch immer einen Eindruck von der früheren Macht. Trotzdem denken viele, wenn sie von Nürnberg hören, zuerst an Rostbratwürste, Lebkuchen und den berühmten Christkindlesmarkt.

Letzteres ist wiederum naheliegend, denn der Nürnberger Christkindlesmarkt ist einer der größten Weihnachtsmärkte von ganz Deutschland. Vom Freitag vor dem ersten Advent bis zum Heiligabend füllt er den Hauptmarkt der Altstadt sowie die angrenzenden Straßen und Plätze mit seinen Ständen. Er blickt auf eine beachtliche Tradition zurück, deshalb gehört er keineswegs zur schier endlosen Zahl der Weihnachtsmärkte, die seit den Achtzigerjahren aus einer Modeerscheinung und kommerziellen Hintergedanken heraus geboren wurden. Unbekannt ist, seit wann der Christkindlesmarkt von Nürnberg existiert, aber definitiv nachgewiesen ist er seit 1628.

Ursprünglich mag es ein ganz normaler Wochenmarkt gewesen sein, aus dem sich der Christkindlesmarkt entwickelte. Und im Hintergrund standen natürlich auch zur damaligen Zeit schon kommerzielle Erwägungen. Denn Martin Luther verschob im Zuge der Reformation den Tag, an dem üblicherweise die Kinder beschenkt wurden, vom Nikolaustag auf den Heiligen Abend. Er wollte damit das allgemeine Interesse von der Heiligenverehrung zurück auf Jesus Christus als eigentliche Wurzel des christlichen Glaubens lenken. Folglich trat das Christkind in den Mittelpunkt der weihnachtlichen Bescherung. Dass das Jesuskind im Lauf der nachfolgenden Jahrhunderte in der Vorstellung der Menschen zu einer engelsgleichen jungen Frau mutierte, lag sicher nicht in Luthers Absicht. Der Weihnachtsmann kam übrigens erst im 19. Jahrhundert hinzu, aber das nur am Rande.

Seit Luthers Reformation wurden also zu Weihnachten allerlei Geschenke benötigt. Um den Einkauf zu erleichtern, fanden sich die Nürnberger Handwerksleute zu einem gemeinsamen Markt zusammen und boten ihre unterschiedlichen Waren feil. Die Nationalsozialisten, die Nürnberg als »Schatzkästlein des Deutschen Reiches« verklärten und zu ihrer Hochburg auserkoren, empfanden die romantische alte Tradition als äußerst passend und schlachteten sie gehörig aus. Unter ihrer Ägide trat erstmals zur Eröffnung des Markts eine als Christkind verkleidete Schauspielerin gemeinsam mit zwei Rauschgoldengeln auf.

Während mit einigen Nazis später in Nürnberg kurzer Prozess gemacht wurde, blieb hingegen der Auftritt des Christkinds bis zum heutigen Tage erhalten. Zunächst wurde es weiterhin von einer Schauspielerin dargestellt, doch seit 1969 wählt die Bürgerschaft alle zwei Jahre ein neues Christkind aus den Reihen ihres weiblichen Nachwuchses. Die junge Dame sollte schwindelfrei sein, denn sie muss zur Eröffnung hoch oben über dem Markt auf der Empore der Frauenkirche stehen, und das ist nichts für Kandidatinnen mit Höhenangst. Außerdem sollte sie viel Zeit mitbringen, denn allein in der Adventszeit muss sie zwischen 150 und 200 Termine absolvieren, so zum Beispiel die Eröffnung des Christkindlesmarktes in Chicago.

Wenn sie in Nürnberg den traditionellen Eröffnungsprolog aufgesagt hat, stürzen sich die Besucher endlich auf die rund 180 Stände, an denen zumeist traditionelle Nürnberger Produkte angeboten werden. Da gibt es natürlich die legendären Lebkuchen, aber auch Früchtebrot, Weihnachtsgebäck wie die typischen Muskazine, Christbaumschmuck, Krippenschnitzereien und Rauschgoldengel, die um die zentrale Krippe herum verkauft werden. Dazu fließt jede Menge Glühwein, und zahllose Nürnberger Rostbratwürste finden hungrige Abnehmer.

Der weltfremde Kaspar Hauser wird im Winter 1828 nicht schlecht über diesen üppigen Weihnachtsmarkt gestaunt haben. Doch sicherlich musste er noch ganz andere Wissenslücken füllen. Aus dem Gefängnis wurde er nach einem knappen Monat herausgeholt und der Obhut eines Gymnasialprofessors anvertraut, der ihn unterrichtete, aber auch verschiedene Experimente mit dem mysteriösen jungen Mann anstellte. Ein gutes Jahr später überfiel ein Unbekannter Kaspar Hauser, verletzte ihn und bedrohte ihn mit dem Tode. Es folgten Jahre, in denen er an unterschiedlichen Orten untergebracht und Untersuchungen unterzogen wurde, bis er schließlich 1833 einem weiteren Anschlag zum Opfer fiel, den er nicht überlebte.

Seit damals ranken sich wilde Geschichten und Spekulationen um seine Person. Entsprach seine Geschichte der Wahrheit, oder diente sie bloß dazu, sich wichtig zu machen und sich einen Platz in der Gesellschaft zu erschleichen, der ihm nicht zustand? Hatte er sich die Verletzungen bei den vorgeblichen Attentaten selbst zugefügt, um das öffentliche Interesse erneut anzufachen, und war er dabei schließlich versehentlich zu weit gegangen? Oder besaß das schnell aufgekommene Gerücht doch einen wahren Hintergrund? Das besagte nämlich, dass es sich bei ihm in Wirklichkeit um den Erbprinzen von Baden handle, der gegen einen toten Säugling ausgetauscht und weggeschafft worden sei, um einem anderen die Thronfolge zu ermöglichen. Hatte ein Auftragsmörder ihn aus dem Weg geräumt, weil die Sache zu heikel wurde?

Selbst die moderne Wissenschaft konnte das Rätsel um Kaspar Hauser bisher nicht lösen. Zwar sprach eine erste Genanalyse im Jahr 1996 gegen die Erbprinzentheorie, doch erbrachte eine erneute Untersuchung von 2002 keine klaren Ergebnisse. Die beteiligten Forscher verwickelten sich in zu viele Widersprüche.

Vielleicht ist die Geschichte auch zu wildromantisch, um eine endgültige Aufklärung zu vertragen. Denn die ergreifende Vorstellung vom Knaben, der in düsterer Einsamkeit aufwächst, inspirierte zahlreiche Schriftsteller und Dichter, Komponisten und Filmemacher, Bildhauer und Maler. In der Stadt Ansbach, wo der junge Mann an den Folgen seiner Verletzungen starb, werden sogar Kaspar-Hauser-Festspiele ausgerichtet. Die Verhaltensforschung kennt den »Kaspar-Hauser-Versuch«, bei dem Jungtiere unter Erfahrungsentzug aufgezogen werden, und die Psychologie das »Kaspar-Hauser-Syndrom« bei kleinen Kindern, die über längere Zeit der Nestwärme und Zuwendung entbehren. Die Liste der Literatur über Kaspar Hauser ist endlos lang.

Welch ein Gegensatz zur wohligen Behaglichkeit des Christkindlesmarktes!

Muskazine – ein Weihnachtsgebäck aus Nürnberg

Zutaten

250 g Mehl
150 g Zucker
3 Eier
100 g Honig
250 g gemahlene Mandeln

20 g geriebener Ingwer
1 Tl Zimt
½ Tl geriebener Muskat
Salz

Zubereitung

Den Zucker mit den Eiern verquirlen, danach Mandeln, Ingwer, Zimt, Muskat, Honig und eine Prise Salz untermischen. Nach und nach das Mehl dazusieben und gut einarbeiten. Den Teig abdecken und 2 Stunden lang im Kühlschrank ruhen lassen. Anschließend eine 4 cm dicke Wurst daraus rollen und diese in ca. 1 ½ cm dicke Scheiben schneiden.

Aus den Scheiben ovale Plätzchen formen, die an den beiden Seiten etwas breiter und in der Mitte mit einem schmaleren Steg verbunden sind. Den Backofen auf 180°C vorheizen, die Muskazine auf einem mit Backpapier ausgelegten Blech verteilen und etwa 10–15 Minuten lang backen, bis sie goldgelb, aber noch nicht dunkel sind.

Auf einem Rost abkühlen lassen und in einer dicht schließenden Blechdose aufbewahren.

Nürnberger Lebkuchen

Zutaten

300 g Mehl
80 g Zucker
80 g Honig
4 Eier
150 ml Milch
150 g geriebene Haselnüsse
100 g Butter (Zimmertemperatur)
50 g fein gehacktes Zitronat
20 g geriebener Ingwer
20 g Zimt
½ Tl gemahlene Nelken
1 Msp. gemahlener Muskat
½ Tl. Koriander
½ Tl. Kardamom
1 Pck. Backpulver
10 cl Rum
1 Prise Salz
Oblaten

Zubereitung

Butter, Zucker und Eier in einer Schüssel mit dem Handmixer schaumig schlagen. Nach und nach alle anderen Zutaten dazugeben und gut vermischen.

Auf einem Backpapier Oblaten auslegen und mit dem Löffel den Teig jeweils darauf verteilen. Den Backofen auf 180°C vorheizen und die Lebkuchen 15-20 Minuten darin backen.

Danach die lauwarmen Lebkuchen nach Belieben mit Glasur bepinseln (Rum-Puderzuckerguss, Kuvertüre), abkühlen lassen und in einer dicht schließenden Blechdose aufbewahren.

Ihre selbstgemachten Lebkuchen dürfen Sie allerdings nur dann als »Nürnberger Lebkuchen« bezeichnen, wenn Sie vor Ort in Nürnberg backen. Die geografische Angabe ist nach europäischem Recht geschützt. Dieser Schutz bezieht sich allein auf den Ursprungsort, nicht auf die Rezeptur.

Eine Existenz aus Holz – Mittenwald

Im oberen Isartal, zu Füßen der mächtigen Gebirgsrücken des Karwendels und des Wettersteins, verlief einst eine wichtige Straße: die römische Via Raetia. Sie diente in der Antike als eine der wenigen Verbindungen zwischen Norditalien und dem süddeutschen Raum, mit einer Länge von 430 Kilometern führte sie von Augsburg über den Brenner bis nach Verona.

Schon im 2. Jahrhundert wurde die Via Raetia als Fahrstraße befestigt, denn Kaiser Septimius Severus ließ den zuvor existierenden uralten Saumpfad ausbauen. Damit stieg die Bedeutung der Passstraße sprunghaft.

Zunächst gab es im oberen Isartal nur eine einzige kleine Station an diesem langen Weg, und die lag mitten im dichten Alpenwald. Im Lauf der Zeit wurden die Bäume rings um diese Station herum gerodet, eine kleine Siedlung entstand. Passend zu ihrer Lage hieß sie »in media silva«, »mitten im Wald«. Das Holz der Wälder schafften die Siedler auf der Isar gen Norden, die Flößerei bot ihnen neben der Versorgung von Reisenden für lange Zeit ihre wichtigste Einnahmequelle.

Doch hier, in mehr als 900 Metern Höhe, fiel das Leben allen Handelsbeziehungen zum Trotz nicht gerade leicht. So musste sich Matthias, der Sohn des Schneiders Klotz, Gedanken um seine berufliche Zukunft machen. Die Schneiderei kam nicht infrage, da er als zweitgeborener Sohn den väterlichen Betrieb nicht erben würde. Zwei Schneidermeister mit

Familie konnten damit in dem ärmlichen Bergdorf ohnehin nicht ernährt werden.

So entschied Matthias sich für eine Ausbildung im holzverarbeitenden Handwerk. Er lernte zunächst in Füssen und zog dann als Geselle über die Via Raetia nach Südtirol, wo er eine Anstellung in einer Lautenmacherwerkstatt fand. Dort befasste er sich nicht nur damit, einfache Lauten herzustellen, er wurde auch in die Geheimnisse des Geigenbaus eingewiesen.

Derart mit Wissen bereichert kehrte er Anfang der Achtzigerjahre des 17. Jahrhunderts in seinen Heimatort zurück und ließ sich dort als Geigenmacher nieder. Diese Kunst beherrschten zu seiner Zeit in Deutschland nur wenige, deshalb standen die Instrumente des Geigenbauers Matthias Klotz hoch im Kurs. Die Werkstatt florierte, sodass er auch Lehrlinge ausbildete und seine Söhne in der Kunst des Geigenbaus unterrichtete. Auf diese Art brachte das Gewerbe allmählich bescheidenen Wohlstand in den kleinen Ort.

Besonders der Sohn Sebastian erwies sich als gelehriger Schüler und perfektionierte die Kunst des Vaters. Dessen Sohn Aegidius wiederum zeigte nicht weniger Talent. Er übernahm einige Kunstgriffe vom Tiroler Geigenmachermeister Jakob Steiner, der im 18. Jahrhundert sogar einen besseren Ruf genoss als sein italienischer Konkurrent Antonio Stradivari. So entstand eine äußerst erfolgreiche Dynastie von Geigenbauern in Mittenwald, die bis heute besteht.

200 Jahre nachdem Matthias Klotz das Handwerk aus Südtirol mitgebracht hatte, wurde in Mittenwald eine Geigenbauschule gegründet. Unter dem Motto »Was kann das Holz dafür, wenn es als Geige erwacht?« werden hier noch immer Geigenbauer ausgebildet. Um die 45 Schülerinnen und Schüler lernen in sieben Semestern, wie sie Holz zum wohlgefälligen Erklingen bringen können.

Mittenwald ist längst zum Eldorado für Deutschlands Geigenfreunde geworden. Im Ortskern gibt es ein Geigenbaumuseum, in dem alles Wissenswerte über die Fiedeln und ihre Entstehung gezeigt wird, inklusive Hörproben. Dazu präsentiert es zahlreiche Instrumente, von der Meistergeige bis zum Kontrabass. Und natürlich gibt es auch einige Geigenbauwerkstätten in Mittenwald, die Instrumente verkaufen. Denn noch immer ist Mittenwald Deutschlands Zentrum des Streichinstrumentebaus, eine bemerkenswerte Konkurrenz gibt es allenfalls im sächsischen Musikwinkel.

So hat sich Mittenwald dank seiner Geigenbauer von der römischen Raststation zu einer ansehnlichen Ortschaft entwickelt. Viele seiner typischen Alpenhäuser zieren liebevolle Lüftlmalereien, mit denen in der Region seit dem 18. Jahrhundert zunächst schmückende Architekturelemente auf die Fassaden gemalt wurden, für deren Realisierung in Stein das Geld fehlte. Daraus entstand eine kunstvolle Bauernmalerei, die meist religiöse Szenen darstellt. Mittenwald ist sozusagen eine Hochburg der Alpengraffitis.

Wer sich an Geigen und Lüftlmalerei sattgesehen hat, kann noch das Schnapsmuseum oder das Wolpertingermuseum besuchen. Der Wolpertinger ist ein scheues, der Region Oberbayern endemisches Wesen, eine geheimnisvolle Mischung aus verschiedenen heimischen Arten. Allerdings zeigt er sich in freier Wildbahn nur denjenigen, die sich nicht damit begnügt haben, die Exponate des Schnapsmuseums lediglich anzuschauen.

Vor der Kirche Mittenwalds befindet sich schließlich ein Holzklotz, aus dem eine Riesengeige emporragt. Ließ hier etwa ein Geigenbauer sein unfertiges Werkstück stehen, weil er sich vielleicht vor einem plötzlich auftauchenden Wolpertinger erschreckt hat?

Doch bei näherem Hinsehen ist es gar kein Holz, sondern ein Erzguss auf einem Marmorsockel. Tatsächlich handelt es sich um ein Geigenbaudenkmal, mit dem Mittenwald den Begründer seines bescheidenen Wohlstands würdigt, den ersten Mittenwalder Geigenbauer Matthias Klotz. Und wie schon in römischer Zeit ist auch heute der Tourismus eine von Mittenwalds wichtigsten Einnahmequellen. Immer noch kommen die Reisenden, doch weniger, um auf der Via Raetia weiterzuziehen, sondern vielmehr, um die Schönheit des Ortes zu bestaunen. Und mitunter vielleicht auch, um den Spuren Mittenwalds erfolgreicher Biathleten zu folgen.

Kalbsvögerl-Rouladen mit Blaukraut

Zutaten für 4 Personen

8 dünne Kalbsschnitzel (»Vögerl«, jeweils ca. 100 g, 5 mm dick, aus der hinteren Hachse geschnitten)
2 Lauchzwiebeln
125 g Mett
2 Möhren
¼ Sellerie
2 Zwiebeln
1 kl. Bund Petersilie
50 g Butter
200 ml Kalbsfond
100 ml Weißbier
50 ml Sahne
2 Zweige Thymian
Speiseöl, Salz, Pfeffer

Für das Blaukraut:
1 Rotkohl
2 Äpfel
1 Zwiebel
40 g Butter
125 ml Rotwein
2 El Rotweinessig
2 El Preiselbeeren
Pfeffer, Salz

Zubereitung

Die Schnitzel waschen, trocken tupfen und auf ein Brett legen. Platt klopfen und mit Salz und Pfeffer würzen. Die Petersilien- und Thymianblättchen abzupfen und fein hacken, die Lauchzwiebeln putzen und klein schneiden, alles mit dem Mett vermengen. Die Schnitzel damit gleichmäßig bestreichen, dann aufrollen und mit Rouladennadeln fixieren. Möhren, Sellerie und Zwiebeln schälen und klein würfeln. In einem Bräter Öl erhitzen und die Rouladen darin rundum anbraten. Dann herausnehmen, das Gemüse in den Bräter geben und kräftig bräunen. Mit Fond und Bier ablöschen, aufkochen lassen, die Rouladen hinzugeben, salzen und pfeffern und bei reduzierter Hitze 1½ Stunden lang abgedeckt köcheln lassen. Zum Schluss Sahne und Butter in die Sauce rühren.

Den Rotkohl putzen, den Strunk entfernen und den Kohl in feine Streifen schneiden. Die Äpfel schälen, das Kerngehäuse entfernen und die Äpfel klein schneiden. Die Zwiebel schälen und würfeln. Die Butter in einem Topf schmelzen und den Zucker darin hellbraun karamellisieren. Zwiebel und Äpfel kurz anrösten, dann den Rotkohl und den Essig zugeben. Mit dem Wein ablöschen, mit Salz und Pfeffer würzen und 45 Minuten lang köcheln lassen. Zum Schluss die Preiselbeeren unterrühren.

Blaukraut, Kalbsvögerl-Rouladen und die Sauce zusammen mit Bandnudeln, Spätzle oder bayerischen Kartoffelknödeln (Rezept Seite 147) servieren.

Exkurs in den Fußball-Olymp – Besuch beim 1. FC Bayern München

Ich bin im Mönchengladbach der Siebzigerjahre aufgewachsen. Wir wohnten am Bökelberg, ganz in der Nähe des damaligen Fußballstadions, aber auch ohne das hätte ich mich hier der Faszination des Fußballs in jener Zeit kaum entziehen können. Denn Mönchengladbachs Borussia erlebte ihre legendäre Dekade, ganze fünfmal gewann die Elf den deutschen Meistertitel. Nichts schien den Siegeszug der Borussia aufhalten zu können, außer einem einzigen Team: dem Angstgegner Bayern München.

Es entwickelte sich eine Rivalität zwischen den beiden Mannschaften, die fast schon epochale Ausmaße annahm. Auf der einen Seite standen die Gladbacher »Fohlen« Berti Vogts, Günter Netzer, Herbert Wimmer sowie Torschützenkönig Jupp Heynckes, auf der anderen Spieler wie Paul Breitner, Sepp Maier, Uli Hoeneß, Franz Beckenbauer, der blutjunge Karl-Heinz Rummenigge und »Bomber der Nation« Gerd Müller. Die Mannschaften lieferten sich mit schöner Regelmäßigkeit packende Kopf-an-Kopf-Rennen um die Spitzenposition der Bundesliga und bescherten den Fans so manche Zitterpartie. Eine märchenhafte Fußballdekade, die ganz im Zeichen von Borussia Mönchengladbach und Bayern München stand.

Doch dann kam alles anders. Während Mönchengladbach seit den Achtzigerjahren immer wieder mit dem Abstieg zu kämpfen hatte, entwickelte sich Bayern München vom Kometen zum Dauerbrenner an Deutschlands Fußballhimmel. Keine andere Mannschaft holte so oft den Deutschen Meistertitel und erzielte dazu noch Siege im Wettstreit um den DFB-Pokal, in der Champions League, im UEFA Super Cup und in der FIFA-Klub-Weltmeisterschaft. Der im Februar 1900 gegründete Klub ist Deutschlands erfolgreichster Fußballverein. Seit 1964 spielen die Bayern ununterbrochen in der Bundesliga, die überhaupt erst seit 1963 existiert.

Damals war der Fußball in Deutschland noch weit davon entfernt, ein Publikumsmagnet zu sein. Die ersten Jahre der Liga überschatteten unerfreuliche Ereignisse. Angefangen mit Lizenzentzug wegen überhöhter Spielerhonorare – die allerdings aus heutiger Sicht geradezu lächerlich erscheinen – zog sich der Ärger über politisches Geschacher um die Teilnahme eines spielschwachen Vereins aus Berlin bis hin zum Bundesliga-Skandal von 1971. Damals kam ans Licht, dass ganze 18 Bundesligaspiele nachweislich durch Bestechung manipuliert worden waren. Alle Glaubwürdigkeit ging verloren, die Zuschauer fühlten sich betrogen, ihr Interesse schwand. Die Zahl der Besucher sank auf ein historisches Tief von nur knapp fünf Millionen in der Saison 1972/1973. Erst die WM von 1974 ließ die Aufmerksamkeit der Zuschauer langsam wieder steigen. Doch nachhaltigen Anschub erhielt die Fußballbegeisterung erst durch den fortwährenden Fußballkrimi zwischen Borussia Mönchengladbach und Bayern München. Ab 1969 gewann in neun aufeinanderfolgenden Spielzeiten jeweils eine der beiden Mannschaften den Titel, einen vergleichbaren Wettkampf hat es seit jenen Jahren im deutschen Fußball nie mehr gegeben. Erst der 1. FC Köln schaffte es 1978, die Magie zu brechen.

Die Bayern genossen gegenüber Mönchengladbach ab 1972 einen großen Vorteil, der letztendlich dazu führte, dass

Mönchengladbach ins Abseits geriet. Denn sie zogen nach den Olympischen Spielen von 1972 ins neue Olympiastadion um und verfügten damit über eine hochmoderne Spielstätte mit riesiger Zuschauerkapazität. Die Erlöse für den Eintritt spülten entsprechende Summen in die Kasse der Bayern. Mönchengladbach musste sich hingegen weiterhin mit dem relativ kleinen und vor allem für Zuschauer unkomfortablen Bökelbergstadion begnügen. Die daraus resultierende Finanzschwäche führte dazu, dass Gladbachs beste Spieler ins Ausland verkauft werden mussten. Ende der Siebzigerjahre erwies sich die Borussia als nicht mehr konkurrenzfähig, während Bayern München dank günstiger Finanzlage seine Dominanz weiter ausbauen konnte.

Zwar wanderten durchaus auch manche Bayern-Spieler ab. Besonders spektakulär geriet der Wechsel von Karl-Heinz-Rummenigge zu Inter Mailand im Jahr 1984, denn dabei floss erstmals eine Summe von mehr als zehn Millionen D-Mark für den Transfer. Doch alles in allem verkraftete Bayern München diese Abgänge durch Aufbau und Ankauf neuer Spieler gut und konnte seine Führungsposition innerhalb der Bundesliga weiterhin halten, auch wenn die Achtzigerjahre für den Fußball in Deutschland insgesamt wieder eine schwächere Dekade wurden.

Mit der Erstarkung der kommerziellen Fernsehsender und deren gezielter Vermarktung von Bundesligaspielen änderte sich die Bedeutung des Fußballs in Deutschland in den Neunzigerjahren allmählich wieder. In dieser Zeit hielt die Kommerzialisierung Einzug in den Sport und immer höhere Summen kamen ins Spiel. Dank geschickten Managements blieb München während dieser Periode einer der wichtigsten Vereine des Landes, während andere erfolgsverwöhnte Traditionsvereine wie Borussia Mönchengladbach und der 1. FC

Köln den Abstieg in die 2. Liga verkraften mussten. Wieder andere hingegen wussten die neue Marktsituation schlauer für sich zu nutzen, so zum Beispiel die Borussen aus Dortmund. Deren Verein verwendete seine Einnahmen, um herausragende Spieler einzukaufen, und stieg so zu einem der Hauptkonkurrenten der Bayern auf.

Die Allgegenwart des Fußballs in den Medien, die Erfolge der deutschen Nationalmannschaft, die Austragung der Weltmeisterschaft 2006 in deutschen Stadien und nicht zuletzt das Charisma einzelner Spieler haben dem Fußball seit der Jahrtausendwende zu einem Spitzenrang unter den gesellschaftlichen Ereignissen der Gegenwart verholfen.

Die besonders beachteten Spielerpersönlichkeiten treten auffallend oft für den gleichen Bundesligaverein an. Ganze sieben Fußballer aus Joachim Löws Weltmeisterkader von 2014 kamen von Bayern München: Manuel Neuer, Philipp Lahm, Jerome Boateng, Bastian Schweinsteiger, Thomas Müller, Toni Kroos und Mario Götze. Und weitere sieben Bayernspieler traten mit ihren jeweiligen Landesmannschaften an. Damit kamen 14 Weltklassespieler allein aus Bayerns Mannschaft. Wen wundert es noch, dass Bayern München unschlagbar zu sein scheint?

Tatsächlich ist Bayern München kaum noch zu stoppen. Es scheint fast, dass die Mannschaft ein Abonnement auf den Meistertitel abgeschlossen hat und nur ab und zu aus Höflichkeit anderen den Vortritt lässt. Sonst könnte es am Ende vielleicht auch allzu langweilig werden, die Fans der gegnerischen Mannschaften würden sich frustriert abwenden.

Die großen Erfolge rufen natürlich auch Neider auf den Plan. Der »Bayern-Dusel« wurde zum geflügelten Wort für einen unverdienten Sieg, weil den Bayern unterstellt wird, bei knappem Spielstand und starken Gegnern oft unverhofftes

Glück zu haben. Mit dieser Behauptung konfrontiert zeigen sich Bayern-Spieler meist dünnhäutig. Der Erfolg sei nicht auf günstiges Geschick, sondert vielmehr auf gute Nerven zurückzuführen, monierte Oliver Kahn nach einem in letzter Minute erzielten Sieg über Hannover 96. Auf den sprichwörtlichen Dusel angesprochen riet Uli Hoeneß dem betreffenden Journalisten gar patzig, sich einen anderen Job zu suchen.

Die Steuerhinterziehungsaffäre des ehemaligen Außenstürmers und Bayern-Funktionärs Hoeneß konnte auch nicht gerade dazu beitragen, das Feindbild bei Bayerns Gegnern abzumildern. Es gibt etliche Schmählieder gegen den Bayernverein, mit denen sich seine Kontrahenten abreagieren können. Und doch müssen auch sie letztlich die Erfolge der Mannschaft anerkennen.

Die Heimspiele der Bayern werden vor bis zu 71.137 Zuschauern ausgetragen, so viele passen maximal in die opulente Allianz Arena im Norden der Landeshauptstadt, die 2005 das Olympiastadion als Austragungsort ablöste. Am Tiefpunkt des deutschen Fußballs in der Saison 1972/1973 besuchten im Durchschnitt bloß 16.372 Fans ein Bundesligaspiel.

Der 1. FC Bayern München liegt unangefochten auf Platz eins der ewigen Tabelle der deutschen Fußballbundesliga. Er gehört zu den fünf erfolgreichsten Mannschaften Europas. Außerdem ist Bayern München einer der wirtschaftlich erfolgreichsten Fußballklubs der Welt. 2021 belegte er auf einer Liste des Forbes Magazins hinter dem FC Barcelona und Real Madrid den dritten Rang der wertvollsten Vereine. Er ist zudem weltweit einer der Klubs mit den meisten Mitgliedern.

Die legendären Fußballschlachten, die in den Siebzigerjahren gegen die »Fohlen« aus Mönchengladbach ausgetragen wurden, dienten als wichtiger Meilenstein auf Bayerns Weg an die Spitze.

Bratwürste mit Sauerkraut

Zutaten für vier Personen

8 Schweinsbratwürste
800 g Sauerkraut
1 Zwiebel
30 g Butter
200 ml Gemüsebrühe
30 g Speisestärke
1 Lorbeerblatt
6 Wacholderbeeren
1 Tl Kümmel
30 g Bratfett
gemahlener weißer Pfeffer

Zubereitung

Die Zwiebel schälen und würfeln. Die Butter in einem Topf schmelzen lassen und die Zwiebeln darin glasig andünsten. Das Sauerkraut gut abtropfen und hinzugeben. 3 Minuten lang anschmoren, dann mit 150 ml der Brühe ablöschen. Aufkochen, Lorbeerblatt, Wacholderbeeren und Kümmel hinzugeben, mit etwas Pfeffer würzen und bei reduzierter Hitze 1 Stunde lang köcheln lassen.

In einer Pfanne das Bratfett erhitzen und die Würste 15 Minuten lang bei mittlerer Hitze darin braten. Mehrfach wenden, bis sie ringsum schön braun sind.

Gegen Ende der Garzeit des Krauts die Speisestärke in der restlichen Gemüsebrühe gut auflösen und zum Kraut gießen. Gut unterrühren und noch einmal kurz aufkochen lassen.

Zusammen mit den Bratwürsten und ein paar Scheiben Roggenbrot servieren.

Vom Prinzesschen zur Naturforscherin – Therese von Bayern

Immer wieder ist in diesem Buch der Name des Prinzregenten Luitpold gefallen. Er genießt in Bayern hohes Ansehen, die Jahre seiner Regentschaft zwischen Juni 1886 und Dezember 1912 gelten nämlich vielen Bayern noch heute als goldenes Zeitalter. Die Epoche kennzeichneten Frieden, kulturelle Blüte und wirtschaftlicher Wohlstand.

Luitpold übernahm zunächst vorübergehend die Regierungsgeschäfte für seinen Neffen Ludwig II., als dieser entmündigt wurde. Nach Ludwigs Tod wäre eigentlich dessen Bruder Otto an der Reihe gewesen, König von Bayern zu werden, doch der erwies sich aufgrund einer geistigen Erkrankung als regierungsunfähig. So behielt denn Onkel Luitpold weiterhin das Amt und wurde zum Reichsverweser. Weil er als fünftes Kind Ludwigs I. als natürlicher Thronerbe nicht infrage kam, bestand er darauf, lediglich Prinzregent zu bleiben und Ottos königliche Würde keinesfalls durch Aneignung des Titels anzutasten.

Luitpold erwies sich als Schöngeist, der die Malerei liebte und förderte. Er fasste sein Amt als Regent eher im präsidialen und repräsentativen Sinne auf, kam dem aber mit großem Pflichtbewusstsein nach. Das lästige Regieren überließ er hingegen überwiegend seinen Ministern und hielt sich bei politischen Entscheidungen zurück. Durch den Eintritt Bayerns in das Deutsche Reich im Jahre 1871 war der Handlungsspielraum des bayerischen Monarchen ohnehin stark eingeschränkt worden. Das schwächte die Bedeutung des bayerischen Königtums, und Luitpolds Haltung ebnete den Weg zur parlamentarischen Demokratie noch weiter. So endete das Königreich Bayern schließlich nach dem Ersten Weltkrieg im Jahr 1918 ganz unspektakulär und ohne jeden Widerstand, sechs Jahre nachdem Luitpold im Alter von 91 Jahren gestorben war.

Mit seinem volkstümlichen Gemüt, seiner Bescheidenheit und seiner unprätentiösen Leutseligkeit eroberte Luitpold die Herzen seiner bayerischen Landsleute. Noch heute tragen zahlreiche Denkmäler dieser großen Verehrung Rechnung. Überall in Bayern finden sich Prinzregenten- oder Luitpoldstraßen, es gibt ein Prinzregententheater, einen Luitpoldpark, einen Luitpoldhafen, diverse Luitpoldhöhen, Luitpold-Schulen und in der Antarktis sogar eine Region namens Prinzregent-Luitpold-Land. Nicht zu vergessen natürlich Münchens delikate Kalorienbombe, die Prinzregententorte.

Kaum erstaunlich, dass auch die Kinder dieses außergewöhnlichen Mannes zu besonderen Persönlichkeiten heranwuchsen. Neben drei Söhnen gab es eine Tochter, Therese Prinzessin von Bayern, die 1850 in München zur Welt kam. Schon als Kind interessierte sie sich in außergewöhnlichem Maß für Biologie und Ethnologie. Als sie erwachsen wurde, verliebte sie sich in erwähnten Otto, den Bruder Königs Ludwig II. Einen durchaus sympathischen Mann, der sich aber leider zunehmend merkwürdig benahm. 1872 attestierten die Ärzte ihm endgültig eine geistige Störung, er wurde aus der Öffentlichkeit entfernt und weggeschlossen. Damit war es um den Liebestraum der jungen Therese geschehen.

Sie zog ihre Konsequenzen aus der unglückseligen Erfahrung und blieb unverheiratet. Stattdessen schulte sie ihren wissbegierigen Geist und stählte ihr Selbstbewusstsein. Denn sie strebte ein selbstbestimmtes Leben an, befreit von allen gesellschaftlichen und höfischen Zwängen.

Autodidaktisch eignete sie sich eine umfassende Bildung in Zoologie, Botanik, Geologie und Völkerkunde an und erlernte dank ihrer außerordentlichen Sprachbegabung zwölf verschiedene Sprachen. Ein Universitätsstudium blieb der intelligenten Prinzessin jedoch verwehrt, denn zur damaligen Zeit wurden Frauen weder an höheren Lehranstalten noch an Universitäten zugelassen.

Doch Therese setzte sich über alle Konventionen hinweg und begab sich kurz entschlossen auf abenteuerliche Forschungsexpeditionen, um die Welt zu erkunden. Sie bereiste Europa und Nordafrika, stets inkognito und lediglich von drei Dienern begleitet. Um möglichst wenig Aufsehen zu erregen, stieg sie nur in bescheidenen Gasthäusern ab und beschränkte sich auf kleines Gepäck. Das Reisen gefiel ihr sehr und kam auch ihrem Wissensdurst zupass, deshalb dehnte sie ihre Touren immer weiter aus. Sie fuhr schließlich durch die Karibik, nach Mexiko und weiter nach Südamerika, überquerte die Anden und durchkreuzte Peru, Ecuador und Argentinien.

Auf diesen Exkursionen sammelte sie alle möglichen naturwissenschaftlichen Fundstücke, die ihr interessant erschienen. Allein unter den Fischen, die sie aus Südamerika mitbrachte, wurden neun neue Arten entdeckt. Sie sammelte Pflanzen und Artefakte der fremden Völker, die sie auf ihren Reisen kennenlernte, und legte ihre Beobachtungen in umfangreichen Aufzeichnungen und Reisedokumentationen nieder.

So kam es, dass auch die damalige Männergesellschaft allmählich Respekt vor der eigenwilligen Forscherin bekam. Sie wurde schließlich zum Ehrenmitglied der Geographischen Gesellschaft sowie der Akademie der Wissenschaften und – eine Sensation – erhielt 1897 gar die Ehrendoktorwürde der Universität München. Beeindruckt vom außergewöhnlichen Werdegang seiner Tochter führte Prinzregent Luitpold schließlich im Jahr 1903 das Frauenstudium in Bayern ein. Seine Regierungszeit brachte allerdings ohnehin große gesellschaftliche Umbrüche mit sich, getragen von den rasanten Entwicklungen in Technik, Wissenschaft, Politik, Wirtschaft und Kultur.

Nachdem ihr Vater im Winter 1912 gestorben war, stellte Therese das Reisen ein und zog sich in die Familienvilla an der »Bayerischen Riviera« von Lindau zurück. Hier starb sie 1925 im Alter von 74 Jahren. In ihren letzten Jahren hatte sie sich für die Verbesserung der Bildungsmöglichkeiten von Frauen und Mädchen engagiert.

Die noch erhaltenen Sammlungen Thereses werden heute im Münchner Museum Fünf Kontinente gezeigt. Ihre Leistungen stellen sie auf eine Ebene mit Alexander von Humboldt, sie ist so etwas wie sein weibliches Pendant. Im Jahr 2009 fand die Büste der mutigen Pionierin auch endlich Platz in der Münchner Ruhmeshalle nahe der Theresienwiese, die den bedeutenden Bayern gewidmet ist.

Dampfnudeln

Zutaten für 4 Personen

500 g Mehl
250 ml Milch
1 Würfel Hefe
125 ml Sahne
100 g Zucker
1 Pck. Vanillezucker
1 Ei
50 g weiche Butter
Salz
Butter zum Einfetten

Zubereitung

Die Milch lauwarm erhitzen und in eine Schüssel füllen. 80 g Zucker und den Vanillezucker hinzugeben, auflösen und danach die Hefe hineinbröckeln. Das Mehl, die Butter, das Ei und 1 Prise Salz hinzugeben und alles mit den Händen zu einem glatten Teig verarbeiten. Weiterkneten, bis sich der Teig vom Rand der Schüssel löst. Sollte er zu fest oder zu klebrig sein, noch etwas Milch bzw. Mehl zugeben. Dann mit einem Geschirrtuch abdecken und 45 Minuten lang an einem warmen Ort gehen lassen.

Anschließend noch einmal gut durchkneten und 12 Kugeln aus dem Teig formen. Eine hohe Pfanne gut mit Butter ausfetten. Die Sahne mit dem restlichen Zucker vermischen und hineingießen. Nun die Teigkugeln hineinlegen und die Pfanne mit dem Deckel fest verschließen. Aufkochen lassen und anschließend bei geringer Hitze ca. 15 Minuten lang ziehen lassen.

Die Dampfnudeln sind fertig, wenn die Flüssigkeit komplett verdampft ist. Erst dann darf der Deckel entfernt werden, sonst würden sie zusammenfallen.

Mit Vanillesoße, Erdbeersoße oder Apfelkompott servieren.

Das Allgäu im Aufruhr – der Bauernaufstand

Im Jahr 1525 kamen in Memmingen 50 Männer zusammen. Teilweise mussten sie dazu eine weite Anreise in Kauf nehmen, doch sie folgten einer Mission. Die Bauersleute der oberschwäbischen Regionen, aus denen die Männer stammten, hatten sie jeweils zu ihren Vertretern gewählt. Und als Delegierte trafen sie sich nun in Memmingen, um die Forderungen der Bauern zu formulieren.

Höchste Zeit, denn es brodelte im Land. In der Bauernschaft kochte die Wut. Die bessere Gesellschaft, also Adel, höhere Beamte, Fürsten und Geistliche, lebte von der Arbeitskraft der Landbevölkerung. Während die Feudalherren ihre Hände in den Schoß legten und sich allen Komfort gönnten, schufteten die Bauern auf ihrer Scholle und stöhnten unter der Last von Abgaben, Steuern, Zöllen und Zinsen. Oft mussten sie bei ihren Grundherren auch noch Frondienste ableisten.

Hinzu kam die schon vor einiger Zeit eingeführte »Realteilung«. Sie mochte zwar zunächst gerecht erscheinen, denn sie bedeutete, dass das elterliche Erbe gleichmäßig unter dem Nachwuchs aufgeteilt wurde und nicht nur der Erstgeborene allein profitierte. Doch der Nachteil dieser Regelung lag auf der Hand: Die Ländereien der einzelnen Gehöfte wurden immer kleiner und konnten die Familien schließlich kaum noch ernähren.

Rücksichtsloser Druck durch die Grundherren und sich häufende Missernten brachten die Bauern schließlich an ihre Grenzen. Zwar wagten sie es anfangs noch nicht, gegenüber den mächtigen Herren aufzubegehren. Doch die etwas besser gestellten Bewohner der Dörfer, die Richter, die Handwerker und ganz besonders die Schultheißen, die im Auftrag der Obrigkeit Forderungen eintrieben, erkannten die Not und organisierten schließlich einen Protest.

In Memmingen kam es nun zu einer Zusammenkunft der führenden Köpfe dieser »Revolution des kleinen Mannes«. Die Anwesenden formulierten ihre Forderungen in zwölf Artikeln, die im Wesentlichen Menschenrechte und Grundrechte beinhalteten, die das Überleben der Bauern absichern sollten.

Die ehemalige Freie Reichsstadt Memmingen liegt im Norden einer Landschaft, die als Allgäu bezeichnet wird. Dessen genaue Grenzen sind nicht fest umrissen, vom bayerischen Regierungsbezirk Schwaben reicht es bis in den Südosten Baden-Württembergs und über die Allgäuer Alpen bis nach Österreich. Seine grüne Wiesenlandschaft haben die letzten Eiszeiten geprägt. Deren große Gletscher formten nicht nur die sanften Hügel, sie hinterließen auch zahlreiche kleine und größere Seen und Weiher. Im Hintergrund gerahmt von den Gebirgszügen der Alpen, gibt das Allgäu ein besonders reizvolles Bild ab, das Idealbild einer bayerischen Idylle.

So liegt es auf der Hand, dass sich das Allgäu zu einer der beliebtesten Ferienregionen Deutschlands entwickelt hat. Neben seiner Schönheit kann das Land auch noch die Region Füssen mit ihren Märchenschlössern vorweisen. Die angrenzenden hochalpinen Gebiete sind durch zahlreiche Bergbahnen erschlossen, das Allgäu ist Deutschlands größtes Zentrum des Wintersports. Der Tourismus stieg folglich für die Region zu einem wichtigen Wirtschaftsfaktor auf.

Aber noch immer steht die Landwirtschaft im Zentrum des Lebensunterhalts. War es bis vor 200 Jahren in erster Linie der Flachsanbau, der das Gesicht des Allgäus prägte und ihm durch seine blau blühenden Felder den Beinamen »blaues Allgäu« eintrug, so begannen die Landwirte sich nach dem Siegeszug der Baumwolle auf die Milchwirtschaft zu fokussieren. Die friedlich grasenden braunen Rinder der regionaltypischen Rasse Braunvieh gehören heute ganz maßgeblich zum Landschaftsbild.

Die Allgäuer Milchbauern organisierten sich 1921 in einer Butter- und Käse-Börse, aus der die heutige Süddeutsche Butter- und Käse-Börse in Kempten hervorging. Hier werden wöchentlich die Marktpreise der Milchprodukte repräsentativ erhoben und den Bauern zur Verbesserung ihrer Geschäftskalkulation mitgeteilt. Denn seit 1525 hat sich einiges geändert.

Viele der bäuerlichen Forderungen, die damals in den zwölf Artikeln von Memmingen formuliert wurden, ließen sich allerdings nicht oder zumindest nicht sofort umsetzen. Die aufgebrachten Bauern formierten sich zu sogenannten »Haufen«, um sich gemeinsam gegen die Obrigkeit stark zu machen. Sie versuchten zunächst noch, in Verhandlungen mit dem Schwäbischen Bund zu treten, dem Verband der mächtigen Herren aus den Reichsständen, und legten dort ihre zwölf Artikel vor. Doch die Haufen konnten sich untereinander nicht einigen, es kam zu tätlichen Übergriffen und Plünderungen. Die Situation eskalierte, schließlich gab es überall gewalttätige Ausschreitungen.

Die Bauernaufstände im Allgäu, die sich über das ganze Schwabenland und Franken bis ins Elsass, nach Thüringen, Sachsen und Tirol hin ausweiteten, wurden in den Jahren 1525 und 1526 blutig niedergeschlagen. Etwa 70.000 Menschen verloren ihr Leben, geächtete Bauern wurden brutal bestraft, hingerichtet oder für vogelfrei und damit vollständig entrechtet erklärt. Die davon Betroffenen verbündeten sich miteinander und lebten noch jahrzehntelang als Räuberbanden in den Wäldern.

Doch auch die Feudalherren mussten Schäden verkraften. Zahlreiche Burgen und Klöster wurden innerhalb kürzester Zeit von den Bauern zerstört, und viele davon konnten nie mehr aufgebaut werden. Die große Zeit der mittelalterlichen Burgen fand ihr endgültiges Ende.

Die zwölf Artikel von Memmingen blieben Diskussionsgrundlage für viele zukünftige Verhandlungen. Parallelen zu den Forderungen der oberschwäbischen Bauernvertreter finden sich sowohl in der Amerikanischen Unabhängigkeitserklärung als auch in den Postulaten der Französischen Revolution. Doch in Deutschland begehrten die Bauern für die Dauer von 300 Jahren nicht wieder auf. Bis nach der Märzrevolution von 1848 endlich auch hier wesentliche Ziele der zwölf Artikel von Memmingen umgesetzt wurden.

Mit dem ersten Artikel verlangten die Bauernvertreter von 1525 das Recht, ihren Pfarrer selbst zu wählen. Außerdem sollte der das Evangelium auf verständliche Weise predigen. Zumindest diesen letzten Teil ihres Begehrs erfüllte schließlich auch der Vatikan, als er die »leicht zu vollziehende Teilnahme der Gläubigen« bei einer Liturgiereform festschrieb und sich von der bisher bei den Gottesdiensten vorherrschenden lateinischen Sprache verabschiedete. Das geschah im Jahr 1965, 440 Jahre nach dem Bauernaufstand. Manche Dinge brauchen eben ihre Zeit.

Allgäuer Kässpatzen

Zutaten für 4 Personen

500 g Mehl
5 Eier
150 g Allgäuer Emmentaler
100 g Allgäuer Bergkäse
100 g Allgäuer Weißlacker
3 Zwiebeln
50 g Butter
Salz
Butter zum Einfetten

Zubereitung

Das Mehl in einer Schüssel mit den Eiern, etwas Salz und 125 ml Wasser vermengen, bis der Teig Blasen schlägt. Abdecken und 30 Minuten lang ruhen lassen. Eine Auflaufform mit Butter einfetten und bei 80°C in den Backofen stellen. In einem großen Topf reichlich Salzwasser aufkochen. Den gesamten Käse reiben und in einer Schüssel gut vermischen.

Nun den Teig in vier Portionen aufteilen und jeweils portionsweise mit dem Spätzlehobel in das siedende Wasser hobeln. Wer keinen Spätzlehobel hat, kann sie auch mit etwas Geschick und einem Messer direkt vom Holzbrett in den Topf schaben oder alternativ durch ein groblöchriges Sieb pressen.

Wenn die Spätzle aufsteigen, noch eine halbe Minute lang ziehen lassen, dann mit dem Schaumlöffel herausnehmen, gut abtropfen und in die warme Auflaufform geben. Darüber ein Viertel der Käsemischung verteilen und die Form zurück in den Backofen stellen. Nun die nächste Portion Spätzle zubereiten und so weiterverfahren, bis alles verbraucht ist und die oberste Schicht aus Käse besteht. Die Backtemperatur auf 180°C erhöhen und die Kässpatzen 10 Minuten backen, bis sie zuoberst leicht bräunen.

Die Zwiebeln schälen und in dünne Ringe schneiden. Die Butter in einer Pfanne erhitzen und die Zwiebelringe darin braten, bis sie goldbraun sind. Vor dem Servieren auf den Kässpatzen verteilen.

Weißlacker Käse stammt aus Wertach im Oberallgäu und soll angeblich der erste urheberrechtlich geschützte Käse der Welt sein. Er ist sehr pikant und salzig, da er während des Reifungsprozesses regelmäßig mit Salz behandelt wird. Heute kommt er aus Sonthofen.

Allgäuer Bergkäse ist nach traditioneller Methode aus Rohmilch von Kühen hergestellt, die ohne Silage ernährt werden. Er kommt ausschließlich aus Kleinbetrieben, die Ursprungsbezeichnung ist geschützt.

Allgäuer Emmentaler ist milder und nussiger als sein Schweizer Pendant. Seine Herstellungsmethode wurde 1821 von einem Schweizer Senn ins Allgäu gebracht.

Allgäuer Emmentaler und Allgäuer Bergkäse werden vom Projekt »Weltgenusserbe Bayern« gefördert. Aus Geldmitteln der EU finanziert, soll es bei der Verbreitung bayerischer Spezialitäten über die Landesgrenzen hinaus helfen.

Salz – das Weiße Gold der Berge

Die Alpen sind erdgeschichtlich noch recht jung, wir hörten bereits davon. Vor Ewigkeiten präsentierte sich ihr heutiger Standort ganz anders, sozusagen als glattes Gegenteil. Denn hier befand sich ein riesiger Ozean, der sich zwischen den Kontinentalplatten von Europa und Afrika ausbreitete. Er besaß eine geringe Tiefe, deshalb wuchsen in ihm viele Korallen und Algen. Sein Salzgehalt war annähernd so hoch wie der heutiger Meere. Diese Epoche liegt 250 Millionen Jahre zurück, und erdgeschichtlich betrachtet ist das nicht allzu viel.

Doch alles verändert sich, und so bewegten sich die beiden Kontinentalplatten allmählich aufeinander zu. Dadurch entstand Unruhe in der Erdkruste. Sie begann, sich aufzuwölben, und neu entstehende Landzungen trennten Teile des Ozeans voneinander ab. Es bildeten sich seichte Sedimentationsbecken, in denen sich jeweils unterschiedliche Substanzen ablagerten. Im Bereich von Flussmündungen sammelten sich Ton und Sand, welche die Flüsse mitbrachten. Im Zentrum des Meeres sanken hingegen die kalkhaltigen Ausscheidungen und Schalen von Korallen, Algen und Muscheln zu Boden. Das ist der Grund, warum in den Alpen sehr viel kalkhaltiges Gestein zu finden ist. Während die Berge sich auftürmten, veränderten Druck und Temperaturen den Kalk allmählich zu hartem Stein.

In einem bestimmten Gebiet ereignete sich aber noch etwas anderes. Die Landhebung, die sich hier gebildet hatte, umschloss eine Senke und hinderte das Wasser darin am Abfließen. Doch bei Flut wurde sie überschwemmt, und neues Meerwasser drang von außen ein. Da das Wasser im Becken bei den damals herrschenden tropischen Temperaturen schnell verdunstete, konnte ständig neues salzhaltiges Wasser nachlaufen. Deshalb stieg der Salzgehalt im Becken ständig, so lange, bis das Salz sich im davon gesättigten Wasser nicht mehr lösen konnte und begann, auszukristallisieren. Die Salzschicht wuchs jährlich um zehn Zentimeter, was wiederum aus geologischer Sicht ein ungeheuerliches Tempo darstellt. Und weil über viele, viele Jahre hinweg immer neues Salzwasser nachfloss, bildete sich eine Salzschicht von enormem Ausmaß. Sie ist tatsächlich stellenweise einen ganzen Kilometer dick. Die sich auftürmenden Alpen begruben die Salzschicht irgendwann unter anderen Gesteinen. So wurde das Salz von allen äußeren Einflüssen und vor allem von der Erosion abgeschirmt.

Welch ein Glück. Denn sonst könnten wir unser Essen heute nicht mit »Bad Reichenhaller Salz« würzen. Und überhaupt wäre Bayerns Geschichte ohne das Salz des Berchtesgadener Landes wohl ganz anders verlaufen.

Schon vor mindestens 10.000 Jahren verwendeten unsere Vorfahren Salz. Warum sie das taten, kann ziemlich leicht nachvollziehen, wer bei ganz normalen Kochrezepten einfach das Salz weglässt. Dann schmeckt's nämlich nicht. Und keineswegs gaukeln uns unsere Geschmacksknospen hier etwas vor. Salz besteht im Wesentlichen aus Natriumchlorid. Unser Blut enthält Natrium, das benötigt es für den Zellstoffwechsel. Mithilfe von Natrium regelt unser Organismus seinen Mineral- und Flüssigkeitshaushalt. Chlorid brauchen wir hingegen, um Magensäure zu bilden. Beide Stoffe müssen dem Körper ständig neu zugeführt werden, deshalb ist Salz für uns lebenswichtig. Insbesondere wer sich körperlich betätigt und schwitzt, braucht Nachschub, da über den Schweiß viel Salz verloren geht.

Ob zu viel Salz wirklich gesundheitsschädlich ist, wie es immer heißt, ist zumindest umstritten. Tatsächlich wurden die angeblich negativen Auswirkungen von üppigem Salzkonsum überraschend wenig überprüft. Einen wissenschaftlich-experimentellen Nachweis der Schädlichkeit von Salz gibt es de facto nicht. Im Gegenteil weisen neuere Studien darauf hin, dass Salzmangel die Blutfette und Insulinwerte ansteigen lässt. Trotzdem hält sich das Gerücht hartnäckig.

Die Menschen der Vorzeit machten sich über all das keine Gedanken. Sie fanden wohl irgendwann zufällig heraus, dass Salz die Aromen ihrer Nahrung intensivierte oder einfach gesagt, das Essen schmackhafter machte. Darüber hinaus stellten sie eines Tages fest, dass manche Speisen mithilfe von Salz eine längere Haltbarkeit bekamen. Das Interesse am Salz stieg.

Aber Salz ist nicht überall vorhanden. So entwickelte es sich zu einem wertvollen Handelsgut, und wer in einer Region mit Salzvorkommen lebte, konnte sich glücklich schätzen. Denn Salz versprach Reichtum. So wie später das Porzellan hieß auch Salz das »Weiße Gold«.

Über Salzstraßen wurde es in ferne Gegenden transportiert. Die Via Salaria gehört zum Beispiel zu Italiens ältesten Straßen. Das Salz des Berchtesgadener Landes ließ die bayerischen Salzstraßen entstehen, die von Reichenhall über München und Landsberg am Lech bis zum Bodensee reichten. Die Stadt München verdankt ihre Entstehung tatsächlich der Lage an dieser Salzstraße. Über Salzsteuern, Wegezölle und Handelsrechte profitierten nämlich auch die Anrainer vom Weißen Gold. Schon lange bevor es moderne Maschinen gab, holten Menschen unglaubliche Mengen von Salz aus den Bergen zwischen Reichenhall, Berchtesgaden und dem österreichischen Hallein. Im 16. Jahrhundert wurden hier alljährlich bis zu 36.000 Tonnen Salz gefördert.

In Bad Reichenhall gewannen die Kelten sogar schon in vorchristlicher Zeit Salz durch Siedetechnik. Dazu kochten sie das aus den dortigen Solequellen hervortretende Wasser so lange, bis nur das enthaltene Salz zurückblieb. Als die Römer das Land eroberten, wussten sie diesen Schatz durchaus zu würdigen und forcierten die Salzgewinnung durch den Bau von größeren Siedereien. Der Namensbestandteil »Hal« ist ein altes Wort für Saline. Reichenhall ist tatsächlich die älteste Salinenstätte von Deutschland, und machte – wie der Name schon sagt – damit gute Geschäfte.

Aber in Reichenhall tritt nur die Sole aus dem Boden, die durch Salzanreicherung im Grundwasser weiter südlich entsteht. Dort, in der Gegend von Hallein und Berchtesgaden, liegen die unterirdischen Schatzkammern des Salzes.

In Berchtesgaden gab es ein Kloster, dessen Mönche sich ab dem 12. Jahrhundert mit dem Abbau von Salz befassten. Um das Salz aus dem Gebirge zu holen, mussten sie zuerst tiefe Stollen hineintreiben. Über Hohlräume leiteten sie sodann Süßwasser in den Berg, mit dessen Hilfe sich das dort vorhandene Gemisch aus Salz und Ton auswaschen ließ. Die Lösung sammelte sich in einem unterirdischen See, dem sogenannten Sinkwerk, in dem die nicht löslichen Bestandteile aus Ton zu Boden sanken. Der Rest wurde als Sole abgepumpt, ein Verfahren, das so noch heute angewendet wird.

Ab 1817 gab es eine Soleleitung, die Berchtesgaden mit der Saline in Reichenhall verband. Die Röhre besaß eine Länge von 29 Kilometern und galt als technische Meisterleistung. Sie blieb bis 1929 in Betrieb und wurde danach von zwei neuen Leitungen abgelöst. Denn das Berchtesgadener Salz wird noch immer in Reichenhall gesiedet. Diese Aufgabe der dortigen Alte Saline übernahm 1929 eine neue, leistungsfähigere Saline, in der die Sole zu dem Reichenhaller Salz verkocht, das wir alle kennen. Deshalb sprechen wir übrigens auch von Kochsalz, und nicht etwa, weil es zum Kochen verwendet wird.

Die Alte Saline von Reichenhall ist noch erhalten und kann besichtigt werden. Sie gilt als Industriedenkmal von europäischem Rang. Die zahlreichen Solequellen machten Reichenhall auch zur Kurstadt, seit 1846 ist es Kurort, und dank einer Verfügung von Prinzregent Luitpold darf es sich seit 1890 »Bad« Reichenhall nennen.

Wer aber sehen möchte, wo das Salz herkommt, muss nach Berchtesgaden fahren. Schon seit dem Mittelalter werden interessierte Gäste in das dortige Bergwerk geführt. Inzwischen ist die Besichtigung natürlich professionell organisiert, was auch nötig ist, weil jährlich um die 400.000 Besucher in den Berg einfahren wollen.

Dazu rattern sie erst einmal rittlings auf einer Grubenbahn 1.400 Meter tief in das Massiv hinein. Über 40 Meter lange alte Bergmannsrutschen geht es danach noch tiefer hinein in den Berg. Das ist natürlich eine besondere Gaudi für alle Kinder und Junggebliebenen. Als ich das Bergwerk zum ersten Mal besuchte, hat mich die Rutsche so begeistert, dass ich mit meinem kleinen Sohn zusah, ganz vorne in der Gruppe zu sein. So konnten wir als Erste rutschen, um sogleich wieder die Treppe hinaufzustürmen und noch einmal in den Genuss der Rutschpartie zu kommen.

Weit im Inneren des Berges erreichten wir danach den Spiegelsee, das alte Sinkwerk. Unter der von keinem Lüftchen bewegten, spiegelglatten Wasseroberfläche konnten wir die glitzernden Salzkristalle bei einer Floßfahrt betrachten. Ein ungeheuer beeindruckendes Erlebnis.

2007 wurde die Besucherstrecke des Bergwerks modernisiert und zeitgemäß um eine Multimedia-Edutainment-Show mit Licht- und Musikeffekten ergänzt. Ich möchte mir kein Urteil darüber anmaßen, ob das wirklich sein musste. Doch beeindruckend ist das Salzbergwerk nach wie vor. Und eins steht fest: Wer es besucht hat, betrachtet die Pappschachteln in der Salzabteilung des Supermarkts mit anderen Augen.

Kronfleisch

Zutaten für 4 Personen

1 kg Kronfleisch
(Muskelfleisch aus dem
Zwerchfell von Rind, Kalb
oder Schwein)
1 l Brühe
1 Bund Suppengrün
1 Bund Schnittlauch
½ Meerrettich
Salz, Pfeffer

Zubereitung

Das Suppengrün putzen, grob zerkleinert in die Brühe legen und aufkochen. Das Fleisch waschen, parieren, salzen, pfeffern und hinzugeben. Bei schwacher Hitze 20 Minuten lang ziehen lassen, das Fleisch soll innen noch rosa sein. In der Zwischenzeit den Meerrettich putzen und reiben.

Das Fleisch nach Ablauf der Zeit herausnehmen, in Scheiben schneiden und auf einem Holzbrett mit Saftrand anrichten. Etwas Brühe darüber geben, salzen, pfeffern und mit dem in Röllchen geschnittenen Schnittlauch bestreuen.

Das Kronfleisch mit Meerrettich und Roggenbrot servieren.

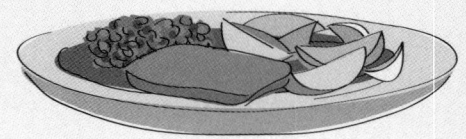

In Schönheit schwelgen – Land der Seen

Wer schon einmal im Berchtesgadener Land angekommen ist, lässt sich natürlich die märchenhafte Fahrt über den Königssee nicht entgehen. Das zwischen schroffen Felswänden eingebettete Gewässer verdankt seine Entstehung einer tiefen Ausschürfung, die durch eiszeitliche Gletscher entstand. Im Westen türmt sich die mächtige Ostwand des Watzmanns auf, die die Wasseroberfläche um mehr als zwei Kilometer überragt. Von ihr stürzt ein Gebirgsbach nieder, der im Lauf der Zeit an seiner Mündung in den See eine Halbinsel angeschüttet hat.

Felswände und See vereinen sich hier zu einem wahrhaft imposanten Bild. Vermutlich deshalb entstand schon im 12. Jahrhundert eine bescheidene Kapelle auf dieser kleinen Halbinsel. Sie diente als stille Einsiedelei, wie geschaffen zur weltabgewandten Meditation. Denn zu Fuß ist die Halbinsel nur über einen langen und strapaziösen Marsch zu erreichen. Die steilen Felsmauern scheinen geradewegs aus dem Seewasser gen Himmel zu stürmen, die Umrundung des Ufers ist an Land unmöglich. Wanderer müssen deshalb auf anspruchsvolle Bergpfade ausweichen und mindestens sechs Stunden pro Strecke einkalkulieren.

Doch natürlich können Besucher die Halbinsel auch übers Wasser erreichen. Schon seit mehr als 100 Jahren verkehren Elektroboote auf dem Königssee und bringen Gäste dorthin, wo im 17. Jahrhundert die alte Kapelle vom hübschen Kuppelbau der Wallfahrtskirche St. Bartholomä abgelöst wurde. Ludwig II. ließ ihn 1868 umfassend renovieren. Damit bewies er wieder einmal sein sicheres Gespür für einzigartige Schönheit, denn das Kleinod vor dem Watzmannmassiv dient längst als eines der ikonischsten Postkartenmotive Bayerns. Deshalb kommen auch die Touristen in Scharen, um sich über den Königssee nach St. Bartholomä übersetzen zu lassen. Um das allgemeine Entzücken abzurunden, bläst der Bootsmann auf halber Strecke ins Horn und demonstriert eindrucksvoll das Echo der Alpenwände.

Der Königssee ist ein malerischer Ort, jedoch ist er ziemlich abgelegen. Wie gut, dass es in Bayern noch so viele andere Seen gibt, die zwar nicht ganz so wildromantisch, aber dennoch bildschön und von herrlichen Landschaftspanoramen gerahmt sind. Vor allem können sie deutlich bequemer erreicht werden. Von München ist es nicht weit bis zum Ammersee, zum Starnberger See, zum Tegernsee, zum Chiemsee oder zu einem der zahlreichen kleineren Seen des Alpenvorlands. Allesamt sind sie ausgesprochen zauberhaft. Hier findet Münchens Geldadel seine bevorzugten Adressen, und die Grundstückspreise in Seelage haben längst schwindelerregende Höhen erreicht.

Der Chiemsee im Osten ist Bayerns größter See, was ihm den Beinamen »bayerisches Meer« eintrug. Wie alle anderen Voralpenseen verdankt auch er seine Entstehung den Senken, die durch mächtige Eiszeitgletscher entstanden. Sein Südufer rahmen die Alpengipfel, ein fantastisches Panorama, dessen Pracht seit jeher zahllose Maler inspiriert. Im See liegen drei Inseln, die zweitgrößte davon ist Frauenchiemsee, deren Charakter das schon seit 782 existierende Nonnenkloster prägt.

Noch berühmter ist Herrenchiemsee, jene Insel, auf der Ludwig II. Schloss Herrenchiemsee erbauen ließ, eine verkleinerte Kopie von Schloss Versailles. Er selbst konnte nur wenige Tage darin verbringen, denn an diesem Prunkbau wurde zur Zeit seines Todes noch gebaut. Die kostspieligen Arbeiten brachen danach ab, aber was schon stand, besitzt noch immer genug Strahlkraft, um jährlich rund eine halbe Million Besucher auf die Insel zu locken. Denn das Schloss ist mit grandiosen Paraderäumen ausgestattet, allen voran der Spiegelsaal, der mit einer Länge von 75 Metern sogar den von Versailles übertrifft. Und auch die luxuriösen Privatgemächer des Königs, hergerichtet im Stil von Louis-quinze, waren zum Zeitpunkt des Baustopps bereits weitgehend fertig.

Nach all der Fülle von Gold und verschnörkelter Pracht fühlt sich so mancher Besucher wie erdrückt und sucht atemringend das Freie. Doch auch die Natur ist hier eingehegt und strenger Disziplin unterworfen. Sie präsentiert sich als klassischer Barockgarten, allerdings nur in direkter Umgebung des Schlosses. Denn auch die Gartenbauarbeiten mussten nach des Königs Tod eingestellt werden, der restliche Inselwald blieb naturbelassen. Dadurch bedingt ist die herrliche Chiemseelandschaft vom Schloss aus gar nicht zu sehen. Vielleicht ist das aber ganz in Ludwigs Sinne. Hätte der Anblick der Berge ihn doch der Illusion beraubt, ein ganz anderer Ludwig zu sein, nämlich der Herrscher über Versailles und ganz Frankreich.

Der Tegernsee präsentiert sich weniger hochherrschaftlich, dafür ist er den Bergen näher. Auch auf ihn richtete sich das Augenmerk zahlungskräftiger Klientel. Doch besaß die lokale Verwaltung immerhin genug Weitsicht, dafür Sorge zu tragen, dass das Seeufer fast überall öffentlich zugänglich blieb. An den anderen Seen befinden sich die Uferparzellen nämlich vielfach in privater Hand.

Trotzdem siedeln sich auch am Tegernsee alle gern an, die es sich leisten können. Der See hat durch die Nähe der

Berge ein alpineres Ambiente als andere, was seinem Reiz nur zupasskommt. Als sich in den Dreißigerjahren des letzten Jahrhunderts einige Nazigrößen hier niederließen, erhielt er den Beinamen »Lago di Bonzo«. Die Nazis mussten weichen, dafür kamen andere und sorgten dafür, dass der Tegernsee diesem Titel weiterhin alle Ehre macht. Von Ludwig Erhard über Uli Hoeneß, Hubert Burda, Gunter Sachs und Ex-DDR-Staatssekretär Schalck-Golodkowski reicht die Aufzählung bis zu Fußballstars und Oligarchen unserer Zeit.

Noch näher an der Landeshauptstadt liegt der Starnberger See, der bis 1962 noch den weniger klangvollen Namen »Würmsee« trug. Bis zu ihm fährt sogar die S-Bahn, daher dient er als Münchens wichtigstes Naherholungsgebiet. Immerhin 20 Kilometer seines Uferbereichs sind öffentlich zugänglich, es gibt einen Rundweg für Wanderer und Radler, der mit fast 50 Kilometern Länge um den See herumführt. Der Starnberger See ist zwar nicht der größte See Bayerns, dafür aber der tiefste und wasserreichste. Deshalb kühlt er im Herbst nur langsam ab und wärmt sich im Frühling entsprechend zögerlich wieder auf. Er besitzt keinen alpinen Zufluss, sondern wird aus kleineren Bächen und unterirdischen Quellen gespeist.

Die Liste der bayerischen Seen ist lang. Mehr als 300 davon haben eine Fläche von mindestens einem Hektar. Wer sie alle besuchen möchte, steht vor einer großen Herausforderung. Und damit nicht genug, denn in Bayern gibt es noch viel zu entdecken.

Hollerkiachal – ausgebackene Holunderblüten

Zutaten für 4 Personen

12 aufgeblühte Holunder-
  blütendolden
120 ml Weißwein
150 g Mehl
2 Eier
30 g Zucker
40 g Butter
1 Msp. Vanillemark
neutrales Pflanzenöl
Puderzucker, Salz

Zubereitung

Die Eier in Eiweiß und Eigelb trennen. Die Butter in einer kleinen Pfanne schmelzen und anbräunen. Das Mehl mit Wein, Eigelben, Zucker sowie Vanillemark in eine Schüssel geben. Gut durchmischen, die Butter hinzuträufeln und unterrühren. Der Teig soll noch recht flüssig sein und muss 30 Minuten ruhen.

Die Holunderblütendolden säubern, kurz abspülen und auf Küchenkrepp mit dem Stiel nach oben trocknen. Die Eiweiße mit einer Prise Salz zu sehr festem Eischnee schlagen. Nun vorsichtig unter den Teig heben, dabei nicht rühren, da der Eischnee sonst zusammenfällt und der Teig nicht luftig wird. In einem Topf reichlich Pflanzenöl auf 180°C erhitzen (an einem hineingehaltenen Holzkochlöffel bilden sich Blasen). Die Holunderblütendolden nun nacheinander durch den Teig ziehen und sofort in das heiße Fett geben. 3–4 Minuten goldbraun ausbacken. Mit einem Schaumlöffel herausnehmen, auf Küchenkrepp entfetten und mit Puderzucker bestäuben. Sofort servieren.

Dazu passen Vanilleeis, Schlagsahne und/oder marinierte Erdbeeren.

Das letzte Wort

Liebe Leserinnen, liebe Leser,

ich hoffe, Ihnen hat unser Streifzug durch Bayern gefallen. Versäumen Sie nicht die zahlreichen Fotos aus Bayern auf **www.almutirmscher.de**, um Ihre Eindrücke abzurunden.

Natürlich freue ich mich über Ihre Tipps, Hinweise oder Anregungen und beantworte auch gern Ihre Fragen. Schreiben Sie mir einfach an **kontakt@almutirmscher.de**.

Vielen Dank und:
Pfiat euch! Auf Wiederschauen in Bayern!

Ihre
Almut Irmscher

Danksagung

Ich danke allen, die mich mit Tipps und Anregungen unterstützt haben.

Ganz besonders danke ich meinem Mann Ulrich Otto, ohne seinen Rat, seine Korrekturen, seine Aufmunterungen und seine ständige Bereitschaft, mir alle Hindernisse aus dem Weg zu räumen, wäre meine Arbeit nicht möglich gewesen.

Mein herzlicher Dank geht an Rosi Seidl, die die Fotoalben auf meiner Seite www.almutirmscher.de mit ihren schönen Bildern bereichert.

Besonderer Dank gebührt auch meiner Freundin Gunhild Hexamer, die mich nicht nur durch die Jahrzehnte des Lebens begleitet hat, sondern auch die Entstehung meiner Bücher jedes Mal aufs Neue unermüdlich und engagiert mit ihren Hinweisen, Korrekturen und Anregungen begleitet. Sie ist es auch gewesen, die mir überhaupt erst den Anstoß zum Schreiben gegeben hat. Ohne Gunhild gäbe es meine Bücher nicht. Gunhild ist selbst Autorin, wenn Sie sich für Nordamerika interessieren, dann empfehle ich Ihnen ihre Bücher, die Sie auf ihrer Website www.ghexamer.de finden.

Ramsau bei Berchtesgaden

Marienplatz in München

Luisenburg

Schloss Neuschwanstein

Der Watzmann

Am Gipfelkreuz der Zugspitze

Hintersee im Berchtesgadener Land

Lindau am Bodensee

Schloss Herrenchiemsee

Ochsenfurt am Main

Burghausen an der Salzach (mit der längsten Burg der Welt)

Bayerische Trachten

www.MANA-Verlag.de

... und viele weitere Orte

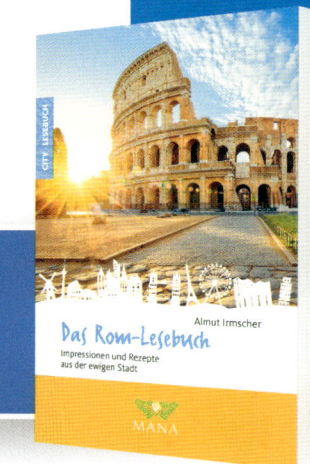

Feedback
Wie hat Ihnen das vorliegende Buch gefallen?
Bitte scannen Sie den QR-Code und beantworten Sie
uns gerne einige Fragen. Das hilft dem MANA-Verlag
auch bei der Entwicklung neuer Titel.
Vielen Dank!